懂幽默的人
跟任何人都聊得来
你学会的幽默让全世界都欢迎你

前言

    幽默不仅仅是社交的法宝，更是一门生活的艺术。它不等同于滑稽与搞笑的做作，表现的是一种纯粹的生活态度。幽默可以让你戴着快乐的眼镜去看整个世界的发展与变化，在平凡中挖掘笑的艺术价值。幽默就像一根闪着金光的魔杖，授予每一个希望减轻自己人生重担的人一种快乐的生存智慧。在人际交往中，我们总希望自己能够和别人和睦相处，成为大家瞩目的焦点，受到许多人的欢迎。因此，我们总是努力让自己表现出最好的形象。要想有效地表现自我，最重要的捷径就是表现出自己的幽默。幽默能够消除内心的紧张，树立健康乐观的个人形象，润滑人际关系。幽默能够化解尴尬，影响别人的思想和态度，从而掌控局面。更重要的是，幽默不仅可以给自己带来好人缘，还可以给自己带来好心情、好运气。

    幽默作为我们日常生活中必不可少的工具，它可以使生活中的矛盾和争端得到缓解，也可以使人变得信心无限。幽默是智慧的迸发、是善良的表达、是人生的助推器，更是一种胸怀、一种境界。正如著名作家王蒙所说："幽默是一种成人的智慧，一种穿透力。一两句就把那畸形的、讳莫如深的东西端了出来。既包含着无可奈何，更包含着健康的希冀。"生活中的幽默会让你茅塞顿开，在轻松的气氛中感受到成功的快乐，在回味中拍案叫绝。幽默的人最有人情味，与幽默的人相处，每个人都会感到快乐，谁都希望同幽默的人打交道。幽默是一种宝贵的品质。幽默的人具有宽容、自信、豁达、乐观的心态，它使生活充满乐趣、充满生机。同样，具有这种品质的人能够正视现实，笑对人生。 幽默是一种文化的积淀，需要达到一定层次的文化水准。一个人知识的存储与个人的涵养是成正比的。知识渊博的人，才能具有审时度势的能力，才能够谈资丰富、妙言成趣，才能做恰如其分的比喻，才能不以眼前的区区小事计较得失，才能多些雅量、少些鲁莽。

无论任何时候，不管任何场合，你展现出来的恰到好处的幽默，都会让人刮目相看。遇到突如其来的冷场时，用幽默予以致命一击；想让对方记住自己时，用幽默让他"刻骨铭心"；欲要说服他人时，用幽默攻克其厚厚的心防；不得不拒绝时，用幽默保全双方情面；恋爱时，幽默可以让你们的关系更进一步；生活中，幽默是一味不可或缺的调味剂……本书汇集了幽默的精华，不仅向读者阐释了幽默的人生智慧，更重要的是向读者展示幽默在现实生活中的独特魅力，帮助读者真正懂得幽默，从而修炼成一位出色的幽默之人。

目 录

第一章　幽默的人生，精彩的智慧　　1

幽默是一种智慧力量　　1

幽默是一种灵性修养　　4

幽默是一种生活态度　　7

真正幽默的情状表现　　10

幽默是一份庄重严肃的笑量　　13

幽默是与人交往的最佳见面礼　　16

幽默的本质是以笑的方式娱人　　18

第二章　即兴幽默——急中生智，瞬间打动他人　21

一见如故——与初识者幽默相交　21

临时发挥——化忌为喜的幽默术　24

"将错就错"——顺理成章中显智慧　25

打破冷场——幽默逗你喜笑颜开　27

兵来将挡——机智幽默应对奚落　30

以静制动——应对别人的指责嘲笑　33

即兴聊天——幽默捧场，愉悦情怀　35

第三章　处世幽默——柔以避祸，笑以挡灾　39

用幽默钝化他人的攻击　39

"顾左右而言他"的幽默　42

触及他人痛处时的转机　44

遭遇尴尬时故说痴话　47

懂幽默的人跟任何人都聊得来
——你学会的幽默让全世界都欢迎你

寓理于事，不言自明　48

艰涩问题，避实就虚　51

讽刺幽默，机智防卫　54

第四章　社交幽默——进退自如，笑出影响力　57

初次见面：幽默加深第一印象　57

深化记忆：幽默地说出自己的名字　60

幽默公关：巧妙说服助你成功　63

含蓄说话：幽默胜过千呼万唤　65

淡化感情：幽默融化交际之冰　68

淡定一笑：面对嘲笑多点雅量　70

第五章　沟通幽默——寓庄于谐，更易成功　75

善用微笑为幽默的气场加分　75

幽默道歉，谅解不请自来　　78

活学活用的灵性让谐趣顿生　　80

顺势而语，幽默口舌巧做事　　82

直意曲说，圆融幽默易成事　　86

让脑子转个弯儿来补救失言　　88

幽默做事情，保全他人面子　　91

幽默沟通中的间接批评方法　　93

第六章　说服幽默——把幽默的话说到心坎上　　95

"欲擒故纵"，幽默地说服他人　　95

创造独特，让幽默推动销售　　98

旁敲侧击，说服可以不走直线　　101

幽默引导，让对方说"是"　　104

以谬制谬，顺言逆意的说辩　　106

懂幽默的人跟任何人都聊得来
——你学会的幽默让全世界都欢迎你

巧抓心理，趣味销售要独特　109

恰当幽默，成功推销的宝典　112

另辟蹊径，小幽默有大智慧　115

第七章　赞美幽默——情感投资有笑道　117

理解赞美，做到真正幽默　117

幽默意境，使人愉快接近　120

面对女人，男人这样赞美　123

诱导赞美，解怨气的良药　126

适度称赞，沟通的催化剂　128

出乎意料，让人喜出望外　131

适时赞美，让沟通更容易　135

第八章　拒绝幽默——诙谐中保全你我情面　139

巧言妙语，智慧的拒绝　139

诙谐言语，婉言拒绝　142

逻辑拒绝，巧踢回球　146

通过暗示，善于说"不"　148

婉转拒绝，优化社交　151

巧妙拒绝，让他知难而退　154

遭到拒绝，保持好风度　156

第九章　生活幽默——调剂生活，柴米油盐有幽默　159

用幽默调料调出趣味生活　159

幽默使语言"升温"，赢得人心　162

幽默生活是种优质的圆满　165

生活需用幽默感重新体验　168

懂幽默的人跟任何人都聊得来
——你学会的幽默让全世界都欢迎你

让幽默变成一种生活习惯　　171

生活幽默需要知识的滋养　　174

幽默在先，友好随后　　177

第
一
章

幽默的人生，精彩的智慧

幽默是一种智慧力量

什么是幽默呢？"幽默"这个词起源于古罗马人的拉丁文，形成于古法文，起初是个医学术语，指人的体液。它作为美学范畴的一种特定含义是在 16 世纪以后出现的。汉语中最早出现"幽默"一词，据考是在《楚辞·九章·怀沙》中，是寂静无声的意思，与现在所说的"幽默"不同。我们现在说的"幽默"一词是英语"humour"的音译，有"会心的微笑""谑而不虐""非低级趣味的、只可意会的诙谐"等意义。而这种解释只是书面上的。

王蒙说，幽默是一种成人的智慧，一种穿透力，一两句就把那畸形的、讳莫如深的东西端了出来。既包含着无可奈何，更包含着健康的希冀。

可见幽默是一种人生的智慧。它体现的是一种才华，展现的是一种力量，它是文明的产物。

幽默之所以被称为一种智慧，是因为幽默带来的笑声完全不同于小丑在众人面前的要宝，它需要在智慧积淀的思维基础上，以优雅的风度来呈现出自己的睿智。幽默的语言特色往往是一语中的而又不失趣味。

幽默有两个基本特点：

（1）必须有趣味点。即是说幽默必须具有美感特征，如果只是一味地用来讽刺他人而使自己畅快，却忽略了他人的感受，那样的幽默会造成他人的厌恶与反感。

（2）必须意味深长。幽默就像是一杯醇酒，越品越会拥有醉人的味道。幽默的智慧性来自自身深刻的生活体验、敏锐的洞察力、丰富的想象力、良好的素养与语言表达能力，以及优雅的风度与乐观的情绪。

丘吉尔是"二战"时反法西斯阵营的"三巨头"之一，曾连续两次担任英国首相，直到今天，人们仍将他列为20世纪最重要的政治领袖之一。除此之外，他还是演说家、作家、记者、历史学家和画家，并于1953年获诺贝尔文学奖。他也是一位机敏睿智的幽默大师，思维敏捷，语言机智，常常用幽默的语言化被动为主动，捍卫自己和国家的尊严。

有一次，萧伯纳为庆贺自己的新剧本演出，特发电报邀请丘吉尔看戏："今特为阁下预留戏票数张，敬请光临指教，并欢迎你带友人来——如果你还有朋友的话。"丘吉尔看到后立即复电："本人因故不能参加首场公演，拟参加第二场公演——如果你的剧本能公演两场的话。"

丘吉尔善用幽默的智慧由此可见一斑。一个具有幽默感的人，

幽默是一种机智思维

幽默既需要智慧做强大的后盾，也需要灵活的思维做勇猛的冲锋军。现实生活中，幽默机智的人，会受到更多人的喜欢与青睐。

早听说贵地蚊子十分聪明，果如其然，它竟会预先来看我登记的房间号码，以便晚上对号光临，饱餐一顿。

对不起，先生，我们会尽快做好除蚊工作的。

机智的思维可以让听者和说者都开心，还能不费吹灰之力地解决小麻烦。

人们乐于同机智风趣、谈吐幽默的人交往，因此有足够的幽默做人际关系的润滑剂，能够使你得到更多人的喜欢。

一定具有强大的人格魅力，因为他总能强烈地感受到自己力量的存在，所以能够从容地应对各种尴尬困苦的窘境。

在阿拉曼战役之前夕，丘吉尔召见了他的得力将领蒙哥马利将军。在谈话中，丘吉尔提议他应该研究一下逻辑。疆场勇士蒙哥马利担心自己会陷入纠缠不清的逻辑命题中，便找了个借口推托。他对丘吉尔说："首相先生，你知道，有这样一句谚语：'了解和亲昵会产生轻蔑。'也许我越是研究逻辑，便会越加轻视它。"

丘吉尔取下烟斗说："不过我要提醒你，没有一定程度的了解和亲昵，什么也不会产生出来的。"

就是通过这样直白坦率而又幽默的方式，丘吉尔最终总是能够说服自己的属下，并赢得他们的信任与尊重。丘吉尔的幽默是一种智慧，更是一种胸襟和力量。他曾经两次当选英国首相，被认为是 20 世纪最重要的政治领袖之一。

幽默并不仅仅是一种单纯的说笑，它还是一种智慧的迸发、善良的表达，是交往的润滑剂，更是一种胸怀和境界。幽默不仅能增进你和他人之间的友谊，更能使一些误解得到消除。幽默的力量就像太阳的光芒一样，可以使这个世界变得温暖而明媚。

幽默是一种灵性修养

幽默口才的完善是很长一段时间思想、语言行为、仪态、情绪等各个方面综合磨炼的过程，亦是内在修养提升的过程。在幽默口才的积累中，这一过程应被视为心理的准备与承受过程。

有些人喜欢抬杠，搭上话就针锋相对，无论别人说什么，其总要反驳。这是不好的习惯，犯这种毛病的人很多，而且每每自己都不知道。为什么会这样呢？因为其不喜欢听取别人的意见，在心中只有自己，而且自以为比别人高明。即使真的见识比别人高明，这种态度也是要不得的。唯一改善的方法是养成尊重别人的习惯。幽默口才是一种表达情意、与人交际的才能，但它不只是靠语言完成的，还要靠风度。纪伯伦曾经说过：大智慧才算得上是一种大涵养，只有有涵养的人才善于学习，而我们可以从健谈的人身上学习到静默。

在幽默口才的内在修养上，修养本身是修内在的承受力与胸怀，重要的是别把自己的功夫花在装腔作势上。我们无法更清晰地剖开所有人的"外衣"，只是我们潜意识里感到，一个人在拥有好口才的同时，一定要认清自己，使心理与行为一致。通过自我研究，便能够客观地了解自己，就会发现自己的长处和短处了。如果能够养成这样一个习惯，对自己的工作、学习和生活会非常有帮助；并且只要不断地努力下去，你的潜能终会显露出来，你的长处也就能获得充分施展了。

富兰克林是个口才很好的政治家，但他仍十分重视语言修为。他早年曾经做了一张表，表上列举出各种他需改善自己的地方。后来，他又找出了还有一种应该实行的美德，跟谈话艺术有极大的关联。他说："我在自我完善的计划里，最初想做到的有十二种美德，但有一个做教徒的朋友，有一天前来向我说大家都

幽默是一种语言艺术

幽默不仅是一种智慧素养的体现，也是一种语言艺术。可以通过夸张、对比、联想等表达方式，达到使人笑意大增的艺术效果。

> 老师，您的学问好深呀，什么植物都知道得那么清楚！

掌握这门语言艺术首先要懂得无论你是什么职业，要想自己成为一个受欢迎的人，就要将严肃搁在一边，将幽默摆在中间。

> 去年一点相思泪，至今未流到腮边。

> 这就是我故意走在你们前头的原因了，只要一看到不认识的植物，我就"先下脚为强"，赶紧踩死它，以免漏底！

其次要抓住对方的特点进行善意的幽默，不仅体现了彼此之间的亲密，而且增添了交往的乐趣，加深了情谊。

幽默的艺术性在于，在将他人的话语转为自己的谈话资料的同时，还可以添加一些趣味性。一段幽默风趣的话不仅能引人发笑，而且还能强化双方交往的愿望，引发谈话的兴趣，使你更容易达到谈话的目的。

认为我太自傲，原因是我的骄傲常在谈话中显露。当辩论一个问题时，我不但固执地表现我自以为正确的主张，而且有些轻蔑别人的样子。我听了他这话，立刻就想矫正这种缺点，因而在我表上的最后一行加了'虚心'这一条。这样不多久，我果然发觉改变后的态度使我获益不少。因为事实告诉我，我无论在哪里，若陈述意见时用谦虚的方式，会令别人容易接受而绝少反对；即使说错了话，自己也不致受窘了。"

靠着这种谦虚的口才修养，富兰克林成为美国出色的且受人尊敬的政治家。

一个注重言语修为的人，一个有益于他人的人，自然易于为他人所接受，他的话也就可能被别人奉为圭臬。"文如其人"是从写作角度说的，我们也完全有理由说"言如其人"。通过言语表现出来的心理上的专注力、耐受力、进取心等品质，将使你更具个人魅力，使你的幽默更富内涵。

幽默是一种生活态度

幽默是一种笑对人生的生活态度。罗丹说，"生活中不是缺少美，而是缺少发现美的眼睛"，懂幽默的人就长了一双发现美的眼睛，一张享受美的嘴巴。世界在他们的眼睛中是彩色的，是充满希望与美好的。他们的幽默，于己，让日子多些乐趣；于人，彼此多些轻松。

启功是中国著名书法家，他的前半生可以说是充满坎坷和艰辛，1岁丧父，10岁祖父过世，家道中落，再无钱读书。在祖父门生的极力相助之下，他才勉强读到中学。启功中学尚未毕业时就由于不愿再拖累别人，决心自谋生路。经祖父的旧识傅增湘介绍，他结识了辅仁大学校长陈垣，经陈垣介绍他从事了一份工作，却因没有文凭而被炒。但启功却没有绝望，一边靠卖字画为生，一边自学，终于在辅仁大学谋到一个教职。

经过无数人生历练的启功，不但在艺术上取得了非凡的成就，而且也在心灵上步入了大彻大悟之境，生命中充满着一种"身心无挂碍，随处任方圆"的大气和洒脱。

启功成名之后，便经常有人模仿他的笔墨在市面上出售。有一次，他和几个朋友走在大街上，路过一个专营名人字画的铺子，有人对启功说："不妨到里面看看有没有您的作品。"启功好奇，大家就一起进了铺子，果然发现好几幅"启功"的字，字模仿得很到家，连他的朋友都难以辨认，就问道："启老，这是您写的吗？"启功微微一笑赞道："比我写得好，比我写得好！"众人一听，全都大笑起来。说话之间，又有一人来铺里问："我有启功的真迹，有要的吗？"启功说："拿来我看看。"那人把字幅递给他。这时，随启功一起来的人问卖字幅的人："你认识启功吗？"那人很自信地说："认识，是我的老师。"问者转问启功："启老，您有这个学生吗？"作伪者一听，知道撞到枪口上了，哀求道："实在是因为生活困难才出此下策，还望老先生高抬贵手。"启功宽厚地笑道："既然是为生计所害，仿就仿吧，可不能

幽默是快乐的催化剂

幽默不只是自身生活态度的体现，更是实现他人快乐的催化剂。幽默之所以成为幽默，其必要条件就是使人快乐，而一切痛苦或不愉快的因素都不能因它而生，否则就不是真正的幽默。

若想让幽默带来真正的快乐，首先自己就应该快乐。只有一个内心真正快乐的人才可能无私地将快乐呈现给他人。

真正的幽默可以是自娱自乐，可以是娱乐他人，也可以是作为正当防卫的语言反击，但却不能对他人进行嘲笑，那就不是幽默，而是残忍。

模仿我的笔迹写反动标语啊！"那人低着头说："不敢！不敢！"启功听他说完便走出店门，同来的人说："启老，您怎么就这样走了？"启功幽默地说："不这样走，还准备送人家上公安局啊？人家用我的名字，是看得起我，再者，他一定是生活困难缺钱，他要是找我借，我不是也得借给他吗？当年的文徵明、唐寅等人，听说有人仿造他们的书画，不但不加辩驳，甚至还在赝品上题字，使穷朋友多卖几个钱。人家古人都那么大度，我何必那么小家子气呢？"启功的襟怀比之古人，可以说是有过之而无不及。

启功并没有因为曾经历生活中的坎坷与曲折就否定了人生阳光的一面，他依旧用一颗宽容并幽默的乐观之心对待这个世界。幽默的生活态度就体现在一种心境、一种状态、一种与万物和谐的"道"之上。

真正幽默的情状表现

幽默的情状表现与幽默的特点既有共通之处，即都具有机智的趣味性；又有差异，即情状重在情景的展示，让大家可以更轻松而又深刻地汲取到幽默的风味与内涵。

以下几点是幽默的情状表现：

（1）机敏诙谐，有趣味性。

有这样一段对话：

"昨天你骑马骑得怎么样？"

"不太坏，不过我那马太客气了。"

"太客气了？"

"是呀！当我骑到一道篱笆的时候，它让我先过去了。"

人们一听便知这位先生从马上摔下来了。而他却自我解嘲说是"马太客气了"，由此产生了逗人发笑的效果。

（2）含蓄，具有极强的穿透力。

幽默讲求寓深远于平淡，藏锋芒于微笑。但特殊情况下它也有尖锐的刺痛，有时也有一针见血的穿透力。幽默的这种穿透力，一两句话就能把畸形的、讳莫如深的东西端出来，对一切卑微可笑的东西可谓是当头一棒。但幽默的尖锐刺痛并不是破口大骂，它具有含蓄深刻、一语中的的特点。

某厂，两位工人正在评价他们的厂长。

"厂长看戏为什么总是坐在前排？"

"那叫带领群众。"

"可是看电影为什么又坐中间了？"

"那叫作深入群众。"

"来了客人以后，餐桌上为什么总有厂长呀？"

"那叫作代表群众。"

"但是他成天坐在办公室里，车间里看不到他的身影，又怎么说？"

"这都不知道，这叫相信群众嘛。"

谁都知道这两位工人正在心照不宣地指白道黑，讥讽厂长的

　　幽默的源泉不在别处，就在我们生活之中，一个善于捕捉生活细节与快乐真谛的人，肯定是个不错的幽默者。

　　为什么幽默能带给人无穷的吸引力呢？主要是因为幽默中闪烁着睿智的光芒，幽默可以给别人带来快乐，可以让别人缓解痛苦、忘记烦恼。

　　有幽默感的人往往思路敏捷、反应迅速，即使是面对复杂的环境和场合，也能从容不迫地妙语惊人，终可化险为夷。

　　心理学大师弗洛伊德说，人类是追求快乐的动物，都喜欢愉悦和欢笑，所以人们都希望和有幽默感的人在一起，从而感到喜悦和欢愉。

领导作风。话尽管不副实，却赢得了成功的讽刺效果。

（3）温和亲切，富有平等意识和人情味。

听了别人说的笑语能发笑，这是正常人起码的幽默感。自己能来点幽默，让别人笑，则具有相当的幽默感。而自嘲是最高品位的幽默。

美国前总统林肯的长相实在让人没法恭维，他自己也不避讳这一点。一次，道格拉斯与他辩论，指责他是两面派。林肯回答说："现在，请听众来评评看，我如果还有另一副面孔的话，我会戴着现在的这副面孔吗？"

幽默是人性善良的体现。幽默者不论是指出那些可怜或可鄙的小古怪，还是指出他人的愚笨可笑，或是在取笑别人的同时也在取笑自己，其情绪是自尊和自嘲的混合，因而在化解困境、嘲讽丑态中，能体现出真正的人情味。

幽默是一份庄重严肃的笑量

"幽默"这个外来词在我们生活中存在了很长时间，随着时间的流逝，幽默的定义逐渐被曲解了。拿无知当个性，拿无聊当有趣，都不是真正的幽默，而是幽默的大误区。幽默其实是一份庄重严肃的笑量。

在幽默语言中，有时会有些露骨的笑话，这些笑话发生在公开场合，有伤大雅，引人反感，即使本来可能接受它的人，也往往顾忌朋友师长的态度而不知如何反应是好。中国是深受儒家文幽默的口才是最受欢迎的语言表达方式，所以幽默的口才是一个人走向成功的助推器。

说话方式讨人喜欢是一个人的通行证，是获得良好机会、满堂喝彩、上司赏识、下属拥戴、同事喜欢、朋友帮助、恋人亲密的必要条件！

说话方式不讨人喜欢甚至会一语成仇；一句话说错了，会破坏人际的良性互动；一句话说错了，会导致功败垂成。

说话要如何幽默，要因时、因地、因人、因事来决定。学会在错综复杂的说话情境中幽默地说话，能把握住更多机遇、获得更多的收获。

化熏陶的国家，讲究的是"非礼勿听，非礼勿视"。所以，我们要注意绝对不要在公众场合，尤其是有异性、长辈、上级等在场的情况下谈及这种笑话。不顾国情、毫无节制地讲露骨的笑话，其实也是对别人的一种侵害，更是对自己人格的贬低。

另外，幽默勿以讽刺他人为乐。

众所周知，幽默是以社会生活为基础产生的，它不是虚飘在空中的幻景，它的存在本身体现了人们多方面的社会需要，包括惩恶扬善、沟通心灵、调解纷争，等等，这使幽默必然地要和讽刺、嘲笑、揭露联系在一起。但是，幽默所包含的应当是善意的讽刺、温和的嘲笑，其中灌注着深厚的情感因素，正像萨克雷在《布朗先生致侄儿书》中所说的："幽默是机智加爱。"爱减弱了幽默批评的锋芒，通过诱导式的意会发生潜移默化的作用。苛刻的幽默很容易使人受到伤害、陷于焦虑之中。通常，讥讽、攻击、责怪他人的幽默，也能引人发笑，但是它却常常造成意想不到的后果，使本应欢乐的场面变得十分难堪。

正因为这样，讥讽他人受到许多幽默理论家的一致反对。林语堂认为幽默与讽刺极近，却不能以讽刺为目的。讽刺趋于酸辣，去其酸辣，而达到冲淡心境的目的，便成幽默。玛科斯雅克博似乎更直接："不要讽刺！讽刺会使你和受害者都变得冷酷无情。"

幽默是与人交往的最佳见面礼

幽默不仅是一种智慧，更是一种观察人生、体验人生的生活方式。擅长交际的人一般比较注重礼节，会给初次见面的人送上一件可心的见面礼，以增显自己的风度，提升他人对自己的好感。殊不知，最佳的人际交往见面礼是幽默的涵养，这是金钱、物质所无法与之比拟的。初次见面就能够将自己的睿智、风趣轻松地展示给他人，给他人带来一种美好舒畅的心情，才能让他人长久记住你的人格魅力。

美国的前总统威尔逊是一位非常幽默、风趣，喜欢自我调侃的人。在他初任新泽西州的州长时，曾经参加了一次某社团举办的午宴，宴会的主席对大家介绍说："威尔逊将成为未来的美国大总统！"当然，这不过是宴会主席的溢美之词而已。

这时，威尔逊在称颂之下登上了讲台，简短的开场白之后，他对众人说："我希望自己不要像从前别人给我讲的故事中的人物一样。"

"一个叫约翰逊的人和朋友一起去垂钓，其间喝了很多烈性酒，随后就和同伴搭火车回去了，可是他却搭错了南下的火车。同伴们就给南下的火车发去电报：'请将一位名叫约翰森的矮个子送往北上的火车，他已经喝醉了。'列车长回电说：'请将其特征描述得再详细些。本列车上有13名醉酒的乘客，他们既不知道自己的姓名，也不知道自己的目的地。'

"而我威尔逊，虽然知道自己的姓名，却不能像你们的主席

先生一样，确知我将来的目的地在哪里。"

在座的客人一听哄然大笑，都被威尔逊的幽默所感染，气氛也逐渐活跃起来。

人际交往中，幽默风趣的人能表现出自己良好的风度。幽默是人的思想、常识、智慧和灵感的结晶，幽默风趣的语言风格是人的内在气质在语言运用中的外化，在交际中有很重要的作用。

幽默是成就事业的最佳手段

当今社会，是一个充满挑战与竞争的社会。俗话说："七分本事，三分机遇。"在竞争中，谁把握住了机会，谁就把握住了命运的主动权。

这小伙子的就职演讲幽默中有智慧，有潜力！

我们为什么要努力活着呢？是因为我们要死很久很久。

机遇稍纵即逝，而机遇的获得，在很大程度上是通过幽默沟通来实现的。幽默沟通是事业成功的重要因素之一，因为幽默的人会给他人送去快乐，给自己带来好运！

幽默的语言是思想的外壳，是必不可少的交际工具。它具有愉悦美感的作用，能缓解人的紧张情绪，使人摆脱不良氛围。

我们要在这个社会中立足、发展，就应该多加注重幽默的力量，将自己的语言不断地幽默化、将自己的行为不断地文明化。

幽默的本质是以笑的方式娱人

1901年，英国一位哲学家曾经这样谈到幽默："语言中几乎没有一个词汇……比这个人人熟悉的词更难下定义。"确实如此，幽默的定义一直莫衷一是。

1979年1月号的《今日心理学》杂志上有一篇文章题为《笑话各有所好》，公布了以读者为对象来调查幽默所得到的结果。

这篇文章指出，幽默是微妙的、难以捉摸的现象，我们根本无法明确列出幽默的种类。而幽默的本质是以笑的方式娱人。

1935年3月27日，高尔基在苏联作家协会理事会第二次全体会议上做了一次简短的讲话。在记录稿上，多次出现"鼓掌""笑声"的字样。例如，他在批评某些诗作缺少生活时说：

"同志们，诗人多得很。但是具有巨大诗才的在我看来却太少。他们写的诗长达几公里。（笑声）……

"我不想谈伟大的诗歌和大诗人。我在这方面是外行。我失掉了这方面的鉴赏力，我念诗也很费力。（笑声）……不久以前，我在一个作者的作品里找到了这样的句子：'他举起手，想摸摸她的肩膀，正在这时候，无畏的死神追上了他。'（笑声）这说得多别扭。"

这些记录里高尔基幽默的语言让即使不在现场、时隔多年的我们看到后也不禁受到吸引，可见幽默的力量之大。

乔治·库特林是20世纪法国知名的剧作家和幽默作家。有一次，一位自命不凡的年轻作者想一鸣惊人，便写信给库特林，借三个不合常理的理由向他提出决斗，但这一封信实在上不了桌

让幽默充满生活

幽默的本质是通过笑的方式来娱乐他人、快乐自己。幽默对于生活与工作节奏紧张的现代人很重要。现代人需要幽默，如同鱼需要水、树木需要阳光一样。具有幽默感和幽默力量，是现代人应具备的素质之一。因为幽默可以让他们疲惫的身心得到娱悦的舒缓，可以让他们每一天的忙碌充满价值与意义。

幽默存在于生活中的每一个角落，关键是我们要用心体会，用幽默的言语表达，如果我们愿意与生活一起游戏，它就会在我们意想不到之处为我们制造惊喜。

面：字迹潦草，甚至有许多字拼写错误。库特林很快给他写了回信："亲爱的先生，因为我是伤害你的一方，该由我来选择决斗武器。我要用'正字法'来决斗。在接到这封信之前你就已经失败了。"

乔治·库特林以幽默的语言，用"正字法"作为武器对年轻人给予了回击，既向年轻人指出了写字太潦草的不端正态度，又展示了自己豁达的一面。整个批驳机智含蓄，风趣诙谐，令年轻人愉快地认输。

这个小故事形象地说明了幽默的本质。由此，我们不难看出：幽默是一种特性，一种引发喜悦、以愉快的方式娱人的特性；幽默感是一种能力，一种了解并表达幽默的能力；幽默是一种艺术，一种运用幽默和幽默感来增进你与他人的关系，并对自己做真诚的评价的一种艺术。

第二章

即兴幽默——急中生智，瞬间打动他人

一见如故——与初识者幽默相交

在我们的一生中，经常会遇到这种情况：必须和一群不认识的人打交道。要打破与他们之间的界限，消除无形的隔膜，顺利地把自己的意见和思想传达给他们，使他们能欣然接受，并赞成拥护，甚至把他们变成自己的朋友，绝对需要不凡的智慧。

一见如故，相见恨晚，历来被视为人生一大快事。当今世界公关交往极其频繁，参观访问、调查考察、观光旅游、应酬赴宴、交涉洽商……善于跟素昧平生者打交道，掌握"一见如故"的诀窍，不仅是一件快乐的事，而且对工作和学习大有裨益。那么，如何才能做到"一见如故"呢？答案是了解幽默，学会幽默，运用幽默来实现与陌生人的相识、相处。

美国作为一个多族裔的移民国家，相互之间的交流极为重要。同时，美国的议会代议和全民选举体制，更要求人们能和不

怎样培养"一见如故"的幽默说服术

首先，第一次和别人打交道时，双方都不免有些拘谨，有层隔膜。如果能有人主动、幽默地打破这层隔膜，对方也能很快融入进来，这种假的"一见如故"在双方看来，就变成了真的一见如故。

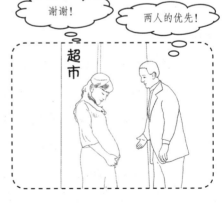

其次，很多时候我们只和一些人"擦肩而过"，但世界如此之小，在社会中生存的我们说不定什么时候需要他人的帮助。即兴幽默施于人，才能收获日后的人情。

认识的人"一见如故",推销自己的观点和想法。

事实上，只要是与人交往就意味着要与不同的人进行沟通，然而有效的沟通往往是建立在真诚基础上的"一见如故"式的幽默。

有一天，汽车大王亨利·福特在偏远的农村驾车兜风。在一处农舍边，这位闻名世界的大人物，看到一个小孩正在锯木材，小孩年龄大约十岁，技术却十分熟练，更难得的是，他看到陌生人一点也不怕，与一般的乡下小孩有很大的不同。

亨利·福特的童心大起，于是便走上前去帮他拉锯。可是很明显的，福特的技术与小孩相去甚远。小孩也不以为忤，甚至还耐心地指导福特。

过了好一会儿，福特终于忍不住说道："阁下可知道，你正跟亨利·福特在锯木材？"只见那孩子好像没事人似地回答："我不知道，可是我要告诉你，你在跟罗勃·李锯木材。"

亨利·福特听到孩子真诚的童趣式回答，欣喜之余，将那辆崭新的福特车送给了那个孩子。

或许这个小孩子并不是有意说出那样幽默的话语，只是持有一颗天真的童心，说了事实如此的话。可正是因为他那不怯生的趣味之言，赢得了亨利·福特的欣赏与青睐。由此可见，"一见如故"的幽默说服术能够拉近与陌生人的感情距离，将自己很快地融入群体之中，赢得人们的接受与欣赏。

临时发挥——化忌为喜的幽默术

在现实生活中，由于受传统文化的影响，人们的大脑中存在着许多忌讳观念。有时不自觉地说出或做出了一些有违"大忌"的话或事时，如何应付呢？这就要用到一种"临时发挥，化忌为喜"的幽默术。

这种幽默术就是在不自觉地做了或说了一些有违"大忌"的事或话时，或者由于客观的原因而带来一些不愉快、不吉利的事情时，及时地用一些双关语、名诗佳句、谐音字词等化忌为喜，消除尴尬，抹掉人们心头的阴影，使快乐重新回到心头。从这个意义上说，临时发挥的化忌为喜幽默术是一种利人利己的说话艺术，这种化忌为喜的幽默术在生活以及工作等场合中均很适用，值得大家了解和学习，更值得大家学以致用。

大刘应邀参加一位朋友的婚礼，可天公不作美，小雨从早到晚一刻也未停过。等大刘赶到朋友家时，衣服上溅满了星星点点的泥水。当新人双双向他敬酒时，朋友看到他满身泥水，略带歉意地说："冒雨前来，让你辛苦了。都怪我没选好日子。"大刘忙接过话茬幽默地说："老兄此言差矣，自古道：'久旱逢甘雨，他乡遇故知，洞房花烛夜，金榜题名时'，这人生的四大喜事，让你们小两口一天就赶上了两个，这才叫双喜临门呢。"一句话说得满堂喝彩，大大活跃了当时的气氛。

大刘意犹未尽，接着说道："既然说到了雨，敝人有首打油诗，借此机会赠给两位新人。"接着便吟道，"好雨知时节，当婚乃发生。随风潜入夜，听君亲吻声。"一首歪诗吟罢，逗得新娘面颊绯红，引来满座欢笑。

大刘机智地临场发挥，使本来不受婚礼欢迎的雨，瞬息之间带上了逗乐喜庆的色彩。临场发挥的幽默，让人们在躲不开的"禁忌"中忘却了旧观念的忧愁。

"将错就错"——顺理成章中显智慧

有一次，张作霖出席名流雅席。席间，有几个日本人突然声称，久闻张大帅文武双全，请即席赏幅字画。张明知这是故意刁难，但在大庭广众之下，盛情难却，就满口应允，吩咐笔墨侍候。只见他潇洒地踱到桌前，在铺好的宣纸上大笔一挥写了个"虚"字，然后得意地落款："张作霖手黑。"按上朱印，踌躇满志地掷笔而起。那几个日本人，丈二和尚摸不着头脑，面面相觑。机敏的随从秘书一眼发现了纰漏，"手黑"。亲手书写的文字怎么成了"手黑"？他连忙贴近张作霖耳边低语："您写的'墨'下面少了个'土'，'手墨'变成了'手黑'。"张作霖一瞧，不由得一愣，怎么把"墨"写成"黑"啦？如果当众更正，岂不大煞风景？他眉头一动，计上心来，故意训斥秘书道："我还不晓得这'墨'字下边有个'土'？因为这是日本人要的东西，这叫寸土不让！"

话音刚落，满座喝彩，那几个日本人这才悟出味来，越想越没趣，只好悻悻退场了。

张作霖这种"化腐朽为神奇"的幽默正是"将错就错"的巧妙运用。原本将要大出洋相的一个大笔误，竟然成了民族气节和斗争艺术的反映。

　　一旦发现了自己的失误，千万别为后悔徒然耗费时间，而要迅速权衡一下利害得失，只有在当场承认错误的负面效应实为自

幽默可以应对各种难以对付的局面

　　幽默是一种即兴的智慧，幽默的交谈不会让你打草稿，因为你无法预料自己将会处于一种什么情境。在不同的情境中应该懂得随机应变的语言艺术。掌握了随机应变的幽默技巧，即使在语言沟通中出现了失误，也不用担心，因为你的机智会为你解围。

真是不好意思，刚才从后面把您当男士了！

明天，看来我只得穿裙子来上班了，不然恐怕连我的男朋友从背后也认不出我了。

　　或许，别人会因为无意中伤害到你而感到羞愧万分、左右不是，这时你不妨用恰当的言辞宽容待之。

　　幽默是种不同凡响的表现力，是因为幽默可以帮助人们应对各种不可预料的、难以对付的局面。幽默能够使人从尴尬的泥淖中跳出，也能够使人在难堪中变被动为主动。幽默的智慧可以让一个人为了维护自己的尊严而"将错就错"。

己难以承受，而拒绝认错又不致把事情弄得更糟时，才可考虑选用"将错就错"这一计策。否则，还是承认、改正为好，因为坦诚往往会换来谅解，甚至敬意。例中的张作霖关于"如果当众更正，岂不大煞风景"的暗忖，就是快速权衡之后所做的判断。情况是明摆着的：日本人是故意刁难，等着看笑话，如果承认错误，便正中了日本人的下怀，这等丢自己脸面、灭国人威风、长他人志气的后果当然无法接受。于是，"将错就错"就成了顺理成章的选择。

很多时候，"将错就错"，契合情境，总能出奇制胜。"将错就错"化解尴尬讲究随机应变。"将错就错"也是一招险棋，"就错"之前要给自己找到相应的理由，使别人也认同你的"错误"并非错误才行，否则，就是死不认错，会给人一种粗野无知、冥顽不化的印象。张作霖对秘书的一番故意训斥就正起着这种作用。

打破冷场——幽默逗你喜笑颜开

如果你出现了下面的状况：在冷场时，不知道怎么活跃气氛；在一些突发事件中，不知道说什么合适的话来救场；和友人聊着聊着就突然没有话题了；曾发表某些意见或建议，却无法取得共鸣或者人们的关注；结识新朋友不知道该说些什么……在许多场合中，由于个人的性格腼腆，或者彼此之间不够了解，而无法拥有共同的话题，使交往中出现了"冷场"的情形。

这个时候，幽默就是最佳挡箭牌了。幽默会让冷场的冰块渐渐融化，让和煦的快乐走近人们的心中。

众所周知，交流中最尴尬的局面莫过于双方无话可说。无话可说有时候是因为一方对另一方说的根本不感兴趣，有时候是因为我们说的意思和对方的理解有偏差，有时候是因为我们缺乏在某些特殊情景下的沟通技巧，有时也会因为你的说话触及了别人的"雷区"，而造成别人的不愉快，导致交谈无法继续下去。无论是哪一种情况，都有可能会让你焦虑。良好的幽默沟通需要双方在适当的时候分别扮演起发送信息者和接受信息者的角色，就像跳探戈时需要两个人完美的配合。

"一个巴掌拍不响"，交流中一旦出现冷场的局面，也需要两个人共同配合才能打破僵局。交流是两个人的事情，所以你不能指望对方为交流负起全部责任。因此，当出现冷场或者尴尬的时候，要沉着更要幽默，寻找双方感兴趣的共同话题，不能一味地等着对方来解决这种尴尬的场面。面对冷场，解决尴尬，幽默口才屡试不爽。

雁翎曾有过一次痛苦的爱情经历，她对那位男朋友爱得如醉如痴，可是，对方却脚踏几只船，最终抛弃她跟别的女孩子浪漫去了。

一次，雁翎与第二位男朋友肖遥约会时，肖遥问她："你对爱情中的普遍撒网、重点逮鱼，怎么看？"没想到他话一出口，雁翎不但没搭理他，脸色霎时间变得很难看。肖遥知道他误入情人的"雷区"，赶紧补充道："啊，请别介意，我是说，我有一个

冷场时的幽默开涮方法

平时多读书，多储存一些知识。有了丰富的知识，就有了谈资，再加上幽默、风趣的语言，很容易使局面融洽起来。

可及时拿自己开涮，以幽默的方式摆脱冷场。必要时可以先"幽自己一默"，即自嘲，开自己的玩笑。也可以发挥想象力，把两个不同事物或想法连起来，以产生意想不到的效果。

可以讲冷笑话，缓和一下气氛，再慢慢回到刚才的主题，但是不宜讲太多的冷笑话，否则场面有可能更"冷"。

自信自然。化解冷场局面时，表现要自然，不着痕迹、轻松地转移话题，使对方不觉得你是刻意的，否则会加剧冷场和尴尬。

讽刺对爱情不忠的故事献给你，故事说有一个对太太不忠的男人，经常趁太太不在家把情妇带回家过夜，但又时常担心太太会发觉。有一天晚上，他突然从梦中惊醒，慌忙地推着身边的太太说：'快起来走吧，我太太回来了。'等他的太太也从梦中醒来，他一下子傻了眼。"

还没等肖遥话音落下，雁翎已被他的幽默故事逗得喜笑颜开。

在这里肖遥运用故事的形式首先转移了他们谈话的方向，然后用幽默的感染力，淡化了他因说话不慎而给雁翎带来的不快情绪，从而自然而巧妙地把可能出现的"冷场"给过渡过来，赢得了心上人的开心一笑。

幽默是冷场的克星，是热情的释放，懂得在尴尬中用幽默救场的人，是明智的幽默人。拥有幽默天分与才分的人永远不会让他人与自己分享冷场的无奈与尴尬，幽默让冷场被巧妙打破，让彼此在喜笑颜开中突破尴尬，加深感情。

兵来将挡——机智幽默应对奚落

当别人挖苦你、讥讽你的时候，你可以用幽默语言作为"护身符"，筑起防卫的堤防。"兵来将挡，水来土掩"，你可视不同的来者选择不同的幽默。

若判明来者不善，是怀有恶意，故意挑衅，你可以"以眼还眼，以牙还牙"，有理、有利和幽默地回敬对手。

20 世纪 30 年代，一次，丘吉尔访问美国，有一位反对他的

美国女议员咬牙切齿地对他说："如果我是您的妻子，我会在您的咖啡里下毒药的。"丘吉尔微微一笑，平静地答道："如果我是您的丈夫，我会喝下那杯咖啡的。"

面对美国女议员刁难、愤恨的无礼言辞，丘吉尔并没有怒不可遏，甚至是笑着回答女议员的问题，他的胸襟雅量令人们敬服。

因此，如果对方来势汹汹、盛气凌人，前来指责辱骂你，而你确信真理在手时，则应保持藐视的目光、幽默的心量、冷峻的笑容，让对方尽情地发泄，而不予理会。假如有人冲着你横眉竖眼、恶语中伤地骂道："你这个人两面三刀，专门告我的阴状，想踩着别人的肩膀往上爬，没门儿！"如果你心中无愧，完全不必大发雷霆，倒不妨解嘲地反诘："哦，是真的吗？我倒要洗耳恭听。"然后诱使谩骂者说下去，直到对方找不到言辞了，你再"鸣金收兵"。在这种情况下，你以温文尔雅、彬彬有礼的方式笑迎攻击者，显然比暴跳如雷、大动肝火要好。

比如你刚被提拔到某领导岗位，有人对此揶揄道："这下子你可平步青云、扶摇直上了吧？"你听了不必拘谨，可一笑了之："是这样吗？你算得这样准？"用这种不卑不亢的应酬方法，立即便能使对方语塞。相反，你过于计较，说出一大堆道理，倒显得太认真，反而适得其反。

如果有人用过于唐突的言辞使你受到伤害，或叫你难堪，你应该含蓄以对，或装聋作哑、拐弯抹角、闪烁其词，或转移"视线"、答非所问，谈一些完全与其问话"风马牛不相及"的事，用这种委婉曲折的幽默方法反驳对手，一定会取得奇特的功效。

当遇到棘手犯难的问题时，若能以幽默诙谐的方式回答，往往能化险为夷，改变窘态。正所谓"山重水复疑无路，柳暗花明又一村"，让难堪的局面消失在谈笑之中。

应对奚落的即兴幽默说话技巧

第一，弄清对方的意图，才能对症下药。有的人嘲笑别人，就是希望看见别人窘迫的样子。明白了这一点，对嘲笑的反应不理，或者顺势就势，用对方的意图作为噱头来"幽对方一默"，让对方自觉没趣。

第二，有时候，你完全不理会嘲笑并不是最佳选择。对方嘲笑你什么，你就主动承认什么，甚至还要更激进。这样，那些嘲笑你的人，其兴致一下就没了。若你越害怕被嘲笑，越能激起他们进一步嘲笑你的欲望。

懂幽默的人跟任何人都聊得来
——你学会的幽默让全世界都欢迎你

以静制动——应对别人的指责嘲笑

当别人当着众人的面，指出你的错误后，会令你感到不快，甚至会让你窘迫难堪，尴尬至极。这个时候你该怎么办？你会因为觉得十分没有面子，而对对方心存怨恨，甚至破口谩骂吗？聪明的人在应对别人的当众指责的时候会这样做：

斯坦顿夫人是美国女权运动家。

当一次女权运动的会议在罗切斯特召开时，一位已婚牧师指责斯坦顿夫人在公开场合发表演讲。

他不满地说："使徒保罗提议妇女保持沉默，您为什么要反对他呢？"

"保罗不也提议牧师应保持独身吗？您难道听话吗，我的牧师大人？"斯坦顿夫人挖苦道。

斯坦顿夫人面对牧师的指责，没有大骂，也没有强烈地表示出自己的尴尬与不满，她选择了淡定而又从容的回答，以其人之道还治其人之身，用对方的言辞逻辑回击了对方的指责，这是一种淡定的幽默。应对别人当众指责的最有效的方法即是以静制动。

受人指责总归是件不快之事，而受人当众指责，那更会令人不快，甚至会让人窘迫难堪，尴尬至极。这是一个协作生存的社会，无论是工作还是生活，也无论何时何地，人都难免犯错，或触及他人的利益，从而引起不满，导致他人对你的指责。当然，也存在这样一种情况，错并不在你，而是一些无聊之徒，他们或抱着嫉妒，或抱着一种偏见，当众对你进行攻击，目的就是要让你颜面扫地。

当他人当众对你大加指责，甚至是来一顿劈头盖脸的斥骂，无论这种指责是善意的还是恶意的，你都要挺住，采取幽默灵活的应对措施，让这个令你无地自容的尴尬氛围及时得以化解。

在一次战争中，一位将军由一名作战部的指挥官陪同，到前线去看望士兵。到了目的地那天，刚好下起雨来，到处泥泞不堪。将军站在一个活动讲台上向士兵演讲，演讲结束后从台上走下来时，一不留意便滑倒在泥浆里，士兵们哄然大笑起来。

指挥官一边指责士兵们，一边惊慌地把将军扶了起来，谦恭地向他道歉。没想到将军却笑着说："没关系，相信这一跤比我的演讲更能激发士气，因为我摔得很有水平嘛！"

在尴尬面前，这位将军并没有对士兵们的嘲笑深感恼怒，反而消遣自我，用幽默的语言向士兵展示了他的胸怀，幽默应对他人的嘲笑是生活赋予大胸怀者的智慧。

当有人怒气冲冲地当众对你大加指责时，你可像斯坦顿夫人一样采取淡定的幽默反击态度，以静制动，幽默应对对方的无礼攻击。施以如此态度，实则也就是给他最严厉的迎头痛击。见到你如此反应，他也就会自感索然无味，悻悻而退。当有人因为你在公众场合的出丑而嘲笑你的时候，不要太计较，更不要太过流露出自己的愤怒，多一点幽默的雅量应对嘲笑，你就会多一分淡定优雅，成功者每战必胜的原因，就是当对手急不可耐时，他们依然保持着超常的冷静与沉着。

其中，应对他人当众指责的幽默口才修炼方法主要可通过"移花接木"来实现。即对别人的当众指责或者嘲笑，可幽默化解，来个"张冠李戴"，将原本只适合于甲种场合的话，移植到乙种场合来说。

拥有大智大德的人一般会懂得，面对他人的无礼与失态，如果自己也沉不住气而进行无礼的反击，则会让自己在卑微中失去他人的敬重之心。因此面对外界不好的声音，不妨让自己多一分雅量，用幽默对待攻击远比强硬有力量得多。

即兴聊天——幽默捧场，愉悦情怀

聊天可以调节心理、愉悦情怀，让一个人远离烦闷的侵扰。幽默的聊天作为即兴聊天的一种特殊形式，往往在给人们带来无限趣味的同时让聊天充满着轻松的释压作用。

即兴的幽默聊天作为一种交际，并不是所有人都能够对它的重要性具有深刻的认识。对于如何利用幽默聊天聊出名堂来，善于幽默言谈的人有他们自己独到的方式方法。

幽默聊天从本质上说是没有什么目的的，可以海阔天空地闲谈，图的就是聊天的那种快乐与惬意。但从微观来说，闲聊未必就"闲"，拥有幽默口才的人能从闲聊中聊出感情来，使之达到一定的目的。在这个过程中，他们可以掌握闲聊的方式和话题，把它变成幽默语言的交流。

会说话的人总是有目的地选择话题。他们不会因为是与他人聊天，而忽视了谈话的禁忌性。在聊天中，搬弄是非、贬抑他人的话题更是需要回避，对方的忌讳和缺点也从不提及。否则即兴的幽默聊天就失去了聊天的意义，而会让自己陷入无知的尴尬境地。

　　在一个茶话会中，一位八十多岁高龄的老人很是吸引大家的注意，一位记者走上前去："老先生，真希望明年还可以在这里见到你啊。"

　　老年人并没有因此而感觉到恼怒，反而拍拍记者的肩膀幽默地说道："小伙子，你还这么年轻，想见到我肯定没有问题的啊，哈哈。"

　　这位记者就是一位不怎么会寻找话题的人，真正会聊天的人会选择合适的话题，但绝不会触碰关于个人隐私方面的话题，更不会不明智地问到一些画蛇添足的问题。因为他们知道隐私方面的话题容易引起争论，会将和谐的气氛弄僵。

　　另外，在与他人的即兴聊天中，应该保持谦逊的心情，不要自吹自擂，更不要一味地只顾自己说话，而不给他人说话的机会。幽默的即兴聊天是一种涵养的体现，需要我们学会在轻松中找到交谈的趣味与尊重以及感情。

　　幽默的闲谈是对自身资源的一次挖掘，很考验一个人的知识水平和文化层次，平时除了你所关心、感兴趣的话题，还要多储备一些和别人"闲谈"的资料。这些资料应轻松、有趣，容易引起

懂幽默的人跟任何人都聊得来
——你学会的幽默让全世界都欢迎你

别人的注意。除了天气之外，还有些常用的闲谈资料。

比如，自己闹过的有些无伤大雅的笑话，像买东西上当、语言上的误会等，这一类的笑话，多数人都爱听。如果把别人闹的笑话拿来讲，固然也可以得到同样的效果，但对于那个闹笑话的人，就未免有点不敬，当然，只要你不指名道姓就可以。讲自己闹过的笑话，开开自己的玩笑，除了能够博人一笑之外，还会使

随机应变——幽默口才的即兴法宝

幽默口才很重要的特质就是能够随机应变，没有了随机应变的依托，幽默就失去了涵养的内在而成为"金玉其外，败絮其中"的一个空泛的壳子。

不要被自己遇到的一些尴尬所激怒，相反可以借机通过这些尴尬，恰到好处地运用幽默拉近自己与别人的距离。

当别人嘲笑你的时候请不要介意，而要学会用一颗幽默心包容，用一句幽默话来化解，这样展现给别人的才是一个豁达、值得尊敬的高贵身影。

人觉得你为人很随和，很容易相处。

当然，人人都喜欢听笑话，假如你构思了大量的笑话，而又富有说笑话的经验的话，那你恐怕是最受欢迎的人了。

与人幽默闲谈是人际交流中必要的环节，但是需要注意的是，很多人在幽默闲谈中往往把握不好分寸，甚至说一些不负责任的闲话，而这些闲话中难免会涉及别人的是非，如果说得多了，难免会伤害到他人。

第
三
章

处世幽默——柔以避祸，笑以挡灾

用幽默钝化他人的攻击

幽默是在关键时候能够为你挺身而出的义气哥们儿，但是要它出来帮你解围的关键前提是你也会幽默。如果一个人连幽默是怎么一回事都不清楚，又怎会在危机时候用幽默为自己助阵呢？

幽默口才需要修炼，首先需要对幽默给予适度的重视以及必要的练习，将幽默地处世练习成为一种习惯，那么你将在曲折的生活中真正无懈可击。

人生在世，长在世，活在世，就应该慢慢体悟到圆融的处世之道。面对他人的不敬，应该用智慧、用口才去反驳。幽默口才的魅力恰恰在于能将棱角分明的话语表达得诙谐，却不失锋利的语言威力。从以下两则小案例中可以身临其境般感受到幽默的魅力与威力。

苏联诗人马雅可夫斯基曾与反对苏维埃政府的人进行论辩。

反对者问："马雅可夫斯基，你和混蛋差多少？"

马雅可夫斯基怒而不露，不慌不忙地走到反对者跟前说："我和混蛋只有一步之差。"

在场的人听了都哈哈大笑了起来，那位攻击马雅可夫斯基的人只好灰溜溜地跑开了。

另外，还有这样一个故事。

俄罗斯有一位著名的丑角演员杜罗夫。在一次演出的幕间休息时，一个很傲慢的观众走到他的身边，讥讽地问道："丑角先生，观众非常欢迎你吧？"

"还好。"

"要想在马戏班中受到欢迎，丑角是不是就必须要具有一张愚蠢而又丑怪的脸蛋呢？"

"确实如此。"杜罗夫回答说，"如果我能生一张像先生您那样的脸蛋的话，我准能拿到双薪。"

在这里，杜罗夫巧妙地把这位傲慢观众的脸蛋，同自己能否拿双薪联系在一起，从而产生了幽默的回击效果，对这位傲慢的观众进行了反讽。

案例中的几位主人公无不在为人处世之中，遵循笑的智慧，

利用幽默冲锋枪将他人的攻击消灭于无形。如果说他人的言语攻击是箭，那么幽默的口才就是在任何时候都能够将利箭阻挡在外的盾牌。

幽默的口才是阻挡利箭的盾牌

具有幽默本领的人往往具备敏捷的思维，可以将他人的讥讽幻化成为挡箭牌，钝化了他人的讥讽的同时给予强有力的回击。难怪人们总把激烈的语言交锋称为唇枪舌剑呢，有时候两片嘴唇、一条舌头，比真枪实弹的威力还要大。

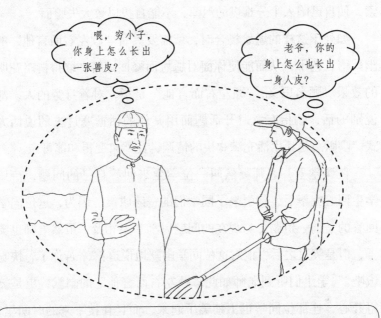

面对讽刺，要能够巧妙地回击，不管地位如何，不能允许他人来蔑视自己的尊严。每一个人都要维护自己的尊严，而面对挖苦，要用笑语反击，要寓意犀利，方法温和，想必不尊重你的人也会知趣地保持沉默。

"顾左右而言他"的幽默

在语言交际中，我们难免遇到一些令自己或者他人尴尬的问话，比如，涉及国家、组织的秘密，涉及个人收入、个人生活、人际关系等问题。对这样一些提问，如果我们只用一句"无可奉告"来应对，那会使我们显得粗俗无礼，如果套用正式用语来作答，那又会给提问者造成心理上的失望与不快。总之，对待这样一些刁钻的问题，我们答得不好，就有可能给自己套上难解的绳索，使自己陷入十分难堪的泥淖，不能自拔以致大失脸面。

如处于这样的尴尬场合时，就需要具备"顾左右而言他"的幽默语言艺术，从而能使你面对尴尬而峰回路转，取得柳暗花明的效果。顾名思义，"顾左右而言他"是指，对着身旁的人，却说别的话，喻指有意避开话题而用其他的话搪塞过去的说话方式。幽默总是让生活充满欢快的情调，让严肃变得和蔼可亲。

在课堂上，老师突然叫一位学生来回答自己的问题，待该学生回答完毕后，却引来了同学们的一阵哄笑。因为，这位同学回答的是前一道题，与现在的问题风马牛不相及。虽然老师也笑了，但是笑过之后，他对这位同学幽默地说道："辛苦你了，快吃饭吧。"学生们听到老师如此"顾左右而言他"的幽默，更是笑得开心，连那位同学也不禁笑了起来，而且在接下来的时间里，他听讲听得认真了，对自己的老师也更加敬畏了。

这位老师巧妙利用了"顾左右而言他"的幽默技法，让这位同学不致下不来台，同时也用自己和蔼的幽默态度感染了大家。

普希金也是一个善于运用幽默的人。

大诗人普希金一次在彼得堡参加一个公爵的家庭舞会，当他邀请一位小姐跳舞时，这位小姐极为傲慢地说："我不能和小孩子

"顾左右而言他"要含蓄

"顾左右而言他"的幽默方法主要包括两种：直接幽默转移法和含蓄幽默言他法，又称岔换法。

我刚才说的话没有听到吗？

对于嘲笑我的话我会自动屏蔽，所以听不见！

直接转移法，即"装聋"。将话题飞快转向与之毫不相干的地方，看似快速甩开了为难局面，但是心理上仍然是有阴影的。

贵国的死亡率必定不低吧？

跟贵国一样，每人死亡一次。

岔换幽默法，是针对对方的话题而岔换新的话题，字面上看是回答了对方的问题，而实质意义却是不相干的。它通常能显示出一种较为强硬却不失风趣的气息。

一起跳舞！"普希金却很礼貌地鞠了一躬，笑着说："对不起！亲爱的小姐，我不知道你怀着孩子。"说完便离开了，而那位漂亮的小姐无言以对，脸上绯红。

利用语言的双解，普希金巧妙将话题的针对点从自己身上转到了那位漂亮的小姐身上，不露痕迹地将自己的尴尬转给了漂亮而又傲慢的小姐，使她脸红。

所以，我们在采用"顾左右而言他"的解围法时，应尽量把它运用得不露声色、婉转巧妙。

在幽默口才中，反讽不是气急败坏的叫嚣，也不是"黔驴技穷"的狂鸣，它应该是偶尔露出的峥嵘，锐利锋芒的一现，是在幽默垫脚石中形成的处世方法。

触及他人痛处时的转机

与人说话中，有时会遇到这样的情况：你会不小心拿对方的缺陷开玩笑；对亲近的人说话，你有时忽略他的感受；批评人的时候，你会专挑对方的缺陷狠说；拒绝别人时，你偶尔要讽刺一下对方才甘心。其实这是非常缺少人情味的做法，有悖于道德与美德。在与他人的交谈中，应该切记不要触碰他人的伤口，应与他人愉快地交谈。

每个人都有自己的忌讳，人人都讨厌别人提及自己的忌讳。与他人对话时，必须要看清对方的短处，不要将话题引到这上来，以免招来对方怨恨，特别是在开玩笑的时候。虽然大多时候，人们开玩笑的动机是好的，但如果不把握好分寸、尺度，就会产生一些不良的后果。所谓"说者无心，听者有意"。

在某学生寝室，初到的新生正在争排大小。小林心直口快，与小王争执了半天，见比自己小几日的小王终于同意排在最末，便说道："好啦，你排在最末，是咱们寝室的宝贝疙瘩，你又姓王，以后就叫你'疙瘩王'啦。"说者无心，听者有意，原来小王长了满脸的青春痘，每每深以为恨，此时焉能不恼？小林见又惹来了风波，心中懊悔不已，表面上却不急不恼，巧借余光中的诗句揽镜自顾道："'蜷在两腮分，依在耳翼间，迷人全在一点点。'唉，这真是'一波未平，一波又起'呀！"小王听了，不禁哑然失笑——原来小林长了一脸的雀斑。

小林幽默地化解了尴尬的场面，其智慧令人叹服。无意中伤害了对方，那就对着自己的某个痛处"猛烈开火"，常会使对话妙趣横生，又能化解自己戳到别人痛处的尴尬。

有的时候，我们可能会在无意中触及他人的痛处，使谈话或者场面出现难堪，采用幽默的自我调侃也是一个很好的方法。

有一次，一群大学同学举行十周年同学会，许多同学都来参加了。聚会上，一位男同学打趣地问一个女同学："听说你先生是个大老板，什么时候请我们到大酒店吃一顿。"他的话刚说完，这位女同学就不自在起来了。这时另外一个女同学悄悄地告诉这位男同学，这位女同学前不久刚和丈夫离婚了。这个男同学知道真相以后，感到无地自容。不过他迅速地加以弥补说：

"你看我这嘴没把门的毛病怎么还和大学时一样呀，这么多年过去了，还是不知高低深浅，真是该打嘴！"那个女同学见状，虽然心里还是感到难过，但是仍然大度地原谅了这个男同学唐突的

说话时尽量避开别人的痛处

如果我们在说话时不小心触到别人的痛处，一定要及时挽回，这才是人际相处之道。因此，掌握幽默的说话艺术需要我们在生活中多观察、多总结，避开别人的痛处，只有这样，才能够愉快地与他人沟通。

事先了解别人的痛处，切忌拿他人的忌讳开玩笑。即使一些人开自己的玩笑，那也是他的幽默方式，这个玩笑的附和者只能是他自己，而不是听众。

如果不慎戳到了别人的痛处，要赶快不露声色地弥补。最好的办法是用玩笑说出自己的类似缺陷，这样大家就"平等"了。

懂幽默的人跟任何人都聊得来
——你学会的幽默让全世界都欢迎你

话。这时，这个男同学赶忙幽默地换了一个话题，从尴尬中转移出来。

当我们不小心触及他人的痛处的时候，不妨也像这位男同学那样，不要死要面子，用幽默来调侃调侃自己，用真诚的语言来表达自己的歉意，这样对方的心里才能感到释然。

遭遇尴尬时故说痴话

为人处世中，顾全他人的情面是很重要的。在日常生活中，我们不可避免地会遇到很多碍于情面的场面，这个时候你会保持冷静还是委屈地掉眼泪呢？

我们在不同的场合都会遭遇尴尬。尴尬的表现形式不一样，应对方式当然也有差别。用幽默语言应对的一种很好方式，就是佯装不知，故说"痴"话，好像这种尴尬从来没发生过一样。这样的幽默糊涂法，可以给自己带来好人缘。

一家星级宾馆招聘客房服务人员，经理给应聘者出了一道题目：

"假如你无意间把房间推开，看见女客一丝不挂地在沐浴，而她也看见你了，这时候你该怎么办？"

第一位答："说声'对不起'，就关门退出。"

第二位答："说声'对不起，小姐'，就关门退出。"

第三位却幽默地回答："说声'对不起，先生'，就关门退出。"

结果第三位应聘者被录取了。

为什么呢？前两位的回答都让客人有了解不开的尴尬心结，唯有第三位的回答很幽默也很巧妙。他妙就妙在假装没看清，故作"痴呆"，既保全了客人的面子，又使双方摆脱了尴尬，这就是幽默处世的价值所在。

在社交场合，许多人遭遇尴尬以后，即使假装不在意，其实心里面还是会有疙瘩，因为对每个人来说，面子都是非常重要的。所以，有时候当别人遭遇尴尬，你的安慰可能只会让对方感觉更没有面子，这时，故作不知，幽默地说一句痴话，让当事人释怀才是最好的方法。

寓理于事，不言自明

寓理于事的幽默是种高境界，虽然没有用语言表达，却深谙幽默的真谛与本质。幽默是一种生活态度，是说话处世的圆融，是一种"只可意会，不可言传"的诙谐式表达。

中国有句老话："只可意会，不可言传。"这句话一语道破很多无法用语言形容的景象和状况。很多时候就是这样，比如你看到一篇佳作，你被深深打动了，可是如果有人说，你写篇读后感吧，那你多半会没兴致，提笔也写不出心中的感受。

不过"只可意会，不可言传"，毕竟只是一个托词，对于朋友、家人问的一些问题不好回答了，可以用这句话搪塞过去。然而在公众场合，比如领导提问、记者采访或者像外交官一样代表国家去处理外事，这句托词就起不到作用了。

如果对方问出一个让你非常棘手，不知如何回答的问题，该怎么办呢？你不回答会显得你无知，若是回答又没有贴切的语言

借人之事，幽默解困

听说您在做重大决定之前，总是要先听听你的上司们的意见，根据他们的意见行事，是这样的吗？

或许是这样吧，但是年轻人，请不要把我的老婆也列在当中。

记者招待会

当别人对我们发起语言攻击，想使我们在众人面前出丑，或是利用这种情况来迫使我们答应他的要求时，要想走出困境，就要利用自己的幽默。

亲爱的孩子，我知道你的心意，但是我希望你能够和小狗商量一下。

我将以您的名字来给我的小狗命名，以表达对您的敬仰。

当别人无意中伤害到你时，用幽默不仅能保护他人的心灵，也使事情得到圆满的解决。

在社交场合，我们总会接触到不同的人，总会遇到各种意想不到的尴尬。这个时候，无论是面对他人的指责，还是面临拒绝他人的尴尬，或是为他人解困的需求，一句婉转的幽默话或者一个微小的幽默举动都会带给他人无尽的安慰。

可以描述。这时候你可以针对提问讲一个事例，让对方认同其中包含的道理，然后将此道理幽默地应用于对方的提问，使答案不言自明。

如果能反被动为主动，让对方代替自己回答问题，可以说是人际应对中的较高境界了，这就需要在幽默处世中圆融地寓理于事，让他人不言自明。

为此，在说话中我们可以针对对方的提问，举出一个类似的事例，反请对方说出其中的道理，然后回到最初的问题上，说明对方的观点正是问题的答案。一个回合下来，对方这个"系铃人"在己方的诱导下不知不觉又成了"解铃人"，使己方得以轻松地摆脱困境。

罗斯福第四次连任美国总统时，许多记者都抢着采访他，请他谈谈连任四次的感想。一位年轻记者破例得到罗斯福总统的接待。罗斯福没有正面回答这个记者提出的问题，而是先请他吃一块蛋糕。

记者获得殊荣，十分高兴，他很快便把蛋糕吃下去了。接着，总统又请他吃了一块。当他刚要开口请总统谈谈时，总统又请他吃第三块蛋糕。这个记者受宠若惊，肚子虽饱了，还是盛情难却，勉强吃了下去。

记者正在抹嘴之时，只见罗斯福总统微笑着对他说："请再吃一块吧！"

记者实在吃不下去了，便向总统告饶。

罗斯福总统幽默地笑着对他说："不需要我再谈四次连任的感想吧？刚才您已经亲身体验到了。"

罗斯福没有直接告诉记者自己的感受，而是让他通过连吃四块蛋糕，体验自己连任四次总统的感受，在幽默的行为中说出了记者所问问题的答案，策略可谓高明之极。

有时候语言确实很苍白，不足以表达你心里的感受，比如当你登上泰山，来到玉皇顶，看见头顶上云雾在太阳的照射下迅速退去，那种风云变幻的场景令你十分震撼。这时，如果有人在旁边问，谈一下你现在的感受吧。你一定顿时觉得索然无味，连继续欣赏景色的兴致都没有了。因为那个时刻，不说话只默默欣赏美景才是最好的。

有的话不需要说得很明白，对于不好回答或者不方便说的话，不妨幽默地打个比喻，或者委婉推托一下，对方也就明白，不会无趣地盘问下文了。

幽默处世的至高境界不是侃侃而谈、极力争辩，而是通过幽默而深刻的行为将自己的道理表现出来，这个时候尽管不去争辩，却已经给对方的提问以最有力的说明。

艰涩问题，避实就虚

试想一下，放在你面前两块石头，一块是圆而滑润的鹅卵石，一块是满是棱角的石头，你更喜欢把哪一块拿在手里玩耍呢？答案可想而知，没有人喜欢将一块棱角鲜明的东西握在手中玩耍，因为那会划破自己的手掌，令自己疼痛无比。鹅卵石则因为其圆滑的表面而让人喜欢。

幽默处世就像这圆滑的鹅卵石一样惹人喜爱，不会给人带来伤害，并在不会伤及他人的同时实现了自我保护。因此，幽默的人更受人们的欢迎，幽默地说话更容易为自己解围。

美国前总理里根在访问我国期间，曾去上海复旦大学与学生见面，有一个学生问里根："您在大学读书，是否期望有一天成为美国总统？"

里根显然没有预料到学生提出这样的问题，但这位政治家颇能随机应变，他神态自若地幽默地回答道："我学的是经济学，我也是个球迷，可是我毕业时，美国的大学生有 1/4 要失业，所以我只想先有个工作，于是当了体育新闻广播员，后来又在好莱坞当了演员，这是 50 年前的事了。但是我今天能当上美国总统，我认为是早先学的专业帮了我的忙，体育锻炼帮了我的忙，当然，一个演员的素质也帮了我的忙。"

里根这一段精彩的回答自有他独特的魅力，他采取"闪避式"的幽默回答方式，避开了学生提出的问题，从其他角度巧妙地加以回答。

我们在工作、生活中也经常遇到类似的问题，对这样的语势"锋芒"，采取断然回避的消极方法固然不行，"意在言外"可以说是一种较高的语言境界。表面上答非所问，实际上是以退为进。因此可以说"避锋"是为了"藏锋"，"藏锋"是为了更好地

"露锋"，这样的幽默语言自然会有较强的魅力。

避实就虚的幽默方式体现的是一种迂回的思维方法。迂回思维法指的是在解决某个问题的思考活动中遇到了难以消除的障碍时，可谋求避开或越过障碍而解决问题的思维方法，这对于工作中的创新和解决问题的口才应用具有很强的启发作用。无论是在工作还是生活中，采用闪避式回答的幽默术，可以让你的周围不再有烦恼围绕，让你的生活充满智慧的火花。

一位记者采访著名演员孙飞虎，对其简陋的住处简直难以置信，脱口而出地问道："依您的身份、地位、名声，如果在香港，早已拥有几幢别墅、豪华的设施、高级的轿车。可是您为什么会住在这又高又简易的五楼？"

这种涉及隐私的问题，一时很难说清楚，回答不好，反而会使双方都感到尴尬。孙飞虎眉头一皱，幽默地说道："女士，高高在上不正是我身份高贵的标志吗？"

这里，孙飞虎诙谐地将自己住的楼层之高与他曾扮演过的地位比较高的角色连接起来，这一避实就虚的回答，既避免了尴尬，又活跃了谈话氛围，显示了他的机敏与风趣。

人的世界像一片繁茂丛林，参差多态，有美有丑。审时度势的睿智，难得糊涂的达观，是聪明人所秉持的一贯态度。

当然，再美好的想法，也仅仅是想法。一个聪明的人，不应该只是个空谈家或者空想家。说话的圆融体现的是避直就曲的幽默语言艺术，通过拐个弯的方法，绕开摆在正前方的障碍，走一条看似复杂的曲线，却可以尽快达到目的。这是迂回幽默语言的智慧，也是迂回思维的魅力所在。

讽刺幽默，机智防卫

年轻漂亮的女性，单身独处的时候，往往容易受到骚扰，但讽刺性的幽默可以帮助你减少不必要的麻烦。

一位年轻美貌的女子，独自坐在酒吧里，被一个油头粉面的青年男子瞧见了，于是他走过来主动搭话："您好，小姐，我能为您要一杯咖啡吗？"

"你要到舞厅去吗？"她喊道。

"不，不，您搞错了。我只是说，我能不能为您要一杯咖啡？"

"你说现在就去吗？"她尖声叫道，比刚才更激动了。

青年男子被她彻底搞糊涂了，红着脸悄悄地走到一个角落坐下。这时几乎所有的人都把目光转向了他，鄙夷地看着他。

过了一会儿，这个年轻女子走到他的桌子旁边。"真对不起，使你难堪了。"她说，"我只是想调查一下，看看他人对意外情况有什么反应。"

这位聪明女子的做法真让人叫绝，她故意装糊涂，大声叫嚷，引起别人注意，青年只好灰溜溜地躲开了。原来，幽默的口才不只是可以用来玩笑、用来放松心情，它还是一种防身术，一种威力并不低于高端武器的防身术。

讽刺性的幽默只是针对不安好心的人而言的，在爱情的世界中，如果爱你的人正是你所爱的人，被爱是一种幸福。但是，假如爱你的人并不是你的意中人，或者你一点也不喜欢他，你就不会感觉被爱是一种幸福了，你可能会产生反感甚至是痛苦，这份你并不需要的爱就成了你的精神负担。别人爱你，向你求爱，他

幽默的讽刺可以帮助你吓跑居心不良者

面对居心不良者，聪明的办法就是以讥讽幽默的言辞，使其退却。讽刺幽默不仅保持了自己的尊严与体面，还能令居心不良者暗自汗颜而主动退出。

看穿了居心不良者的意图，不要急于揭穿他，接过话头，以嘲讽而幽默的言辞给对方当头一棒。

（她）并没有错；你不欢迎，你拒绝他（她）的爱，你也没错。最关键的是看你怎样拒绝，如果拒绝得恰到好处，对双方都是一种解脱，也可以免去许多麻烦。如果你不讲方式，不能恰到好处地拒绝别人的求爱，你就可能犯错误，不但伤害他人，说不定也危害自己。

因此，讽刺性幽默只适用于那些居心不良的人，对于那些苦苦追寻自己爱情的痴情人，请收起幽默的讽刺，不要伤害一个在爱的世界中善良无比的人。

第
四
章

社交幽默——进退自如，笑出影响力

初次见面：幽默加深第一印象

在社交场合，赢得他人好感的重要因素来自第一次见面的印象。在这个讲求效率的时代，初次见面的印象显得更加重要。心理学上说的"首因效应"，在这个时代已经成了金科玉律。也就是说，你留给别人的第一印象，很大程度上会影响这个人对你的看法。

幽默作为陌生人之间最经济的见面礼，却具有最强大的震慑力。从容、淡定的幽默会给他人留下平和的记忆与友善的印象。

之所以强调运用幽默加深第一印象的重要性，是因为"第一印象"是你在与人初次接触时给对方留下的形象特征。第一印象在人际交往中所具备的定式效应有很大的稳定性，一个人留给他人的第一印象就像深刻的烙印，很难改变。

有人曾经说过这样一句话，所谓城市的生活就是几百万人在一起所感受到的寂寞。毕竟几百万人口的城市中，有将近几百万的人与你是陌生人，每一天我们都会在有意无意中结识新朋友。这个时候，不要让自己板起的面孔吓走新朋友。哪怕不是朋友，也请时刻用幽默来包装自己的心灵，毕竟幽默的人带给大家的不只是欢笑，更有内心的充实与豁达。

如果你是一个有幽默感的人，就要把幽默心思放在第一次见面上。第一印象只有一次，无法重来。难怪英国著名形象设计师罗伯特·庞德曾说："这是一个两分钟的世界，你只有一分钟展示给人们你是谁，另一分钟让他们喜欢你。"所以在与陌生人交往的过程中，你一定要好好抓住两秒钟的印象效应时间，保持微笑，一句开朗而有活力的玩笑，会拉近两人的距离。如："你好，你长得好温顺啊，像小绵羊。"……

总之，形象是社交的第一印象，语言又是形象的代言人，在与人交往中，要学会说漂亮的幽默语言，给人一种积极向上的、乐观的印象，有利于开阔自己的社交圈子。

因此，你的幽默语言必须符合以下几点：

如果你不想成为同行的笑柄的话，你的表达必须得体；

如果你不想让同行或客户鄙视的话，你的幽默必须庄重；

如果你不想让人看出你的性格或爱好的话，你的语言必须是保守、得体的。

幽默让你的第一印象更加美好

心理学家研究发现，第一印象的形成是非常短暂的，有人认为是在见面的前40秒钟形成的，有人甚至认为只有2秒钟。在现实生活中，有时这几秒钟就可以决定一个人的命运。因为在生活节奏如同飞快奔驰的列车的现代社会，很少有人会愿意花更多的时间去了解、证实一个留给他不美好的第一印象的人。

陌生人之间的幽默在社交中占有很大的比例，毕竟在这个社会上，与熟悉的人在一起的时间总是有限的，而社会交际的根本就是要接触更多的人，将更多的人变成自己的朋友，进而为自己的事业、人生开拓出一片光明的坦途。

深化记忆：幽默地说出自己的名字

初次见面时经常遇到做自我介绍的状况，而在向陌生人做自我介绍时，许多人在介绍名字方面却做得不太好，在介绍时只是简单地报出自己的姓名："我姓×，叫××。"自以为介绍已经完成，然而这样的介绍肯定算不上有技巧，也许只过了三五分钟，别人已经把他的姓名忘得一干二净，这样也就无法给别人留下深刻的第一印象。

幽默则是淡化记忆的克星，幽默的谈吐、幽默的睿智能够让他人牢记你的名字，长时间关注你的气质、风度与涵养。

因此，在社交场合，一个幽默的自我介绍如同一次令人刻骨铭心的广告。幽默的自我介绍，可以让他人在最短的时间内留下最深刻的印象，为进一步的交往打下良好的基础。然而一段幽默的自我介绍，首先应该从介绍自己的名字开始，请幽默地说出自己的名字，那么一次成功的交际之旅将会让你收获颇丰。

一个人的姓名，往往有一定的意义，或反映时代的乐章，或寄寓双亲对子女的殷切厚望。因此，推衍姓名的幽默能令人对你印象深刻，有时也会令人动情。

为强化你在社交中的特色与潜能，特此列举出以下几种对姓名的幽默介绍法。

（1）名人式幽默。在新生见面会上，代玉做自我介绍时，风趣地说："大家都很熟悉《红楼梦》里多愁善感的林黛玉吧，那么就请记住我，我是新时代的黛玉，叫代玉，我是黛玉的反版，因为我天生快乐。"

利用和名人的名字相近的方式来幽默地介绍自己的名字，关键注意所选的名人是大家所熟悉的，否则就收不到最终的幽默效果。

（2）谐音式幽默。朱伟慧在一次自我介绍中曾经这样幽默地说："我的名字读起来像'居委会'，正因为如此，大家尽可以把我当成居委会，有困难的时候来反映反映，本居委会力争为大家解决问题。"听到这样的介绍，大家忍俊不禁。

大家笑不是因为朱伟慧的名字不仅起得趣味十足，更在于她将自己的名字介绍得幽默有趣。

（3）姓名来源式幽默。陈子健幽默地自白道："我还未出生的时候，名字就在我父亲的心目中了。据说他很喜欢这样一句古语'天行健，君子以自强不息'，于是毫不犹豫地给我取了这个名字，同时希望我像君子一样自强不息。没办法，父母之命不敢不从，何况刚出生的我还没有力气来修改自己的名字呢。"

以自己的名字来源作为噱头，幽默且不失明确地表达，于趣味中留给他人生动的印象，于豁达中施与他人快乐。

（4）调换词序式幽默。周非在自我介绍的时候，就经常调换词序，他竟成这样跟人家介绍说："把'非洲'倒过来读就是我的名字——周非。所以请知道非洲的你们也同样明白我的存在。"

周非的自我介绍简单、幽默，充满个性，如果你的名字在顺序打乱后也是一个能够被大家熟知的事物，不妨从熟悉下手引导出自己的精彩介绍，那么想不要他人记住你都是一件比较难的事情吧。

（5）摘引式幽默。任丽群同学可谓是摘引式幽默的高手，她

利用自己来介绍自己的名字

自嘲式幽默。幽默、乐观的自我介绍会引起人们的开怀一笑与敬佩，自嘲是以一种幽默的姿态向人们显示自己的积极的人生观与价值观，敢于正视自己的缺点，反而让自己变得更加有魅力。

我叫刘美丽。不知道父母为何给我取美丽这个名字。我其实并没有漂亮的脸蛋，这大概是父母希望我虽然外表不美丽，但不要放弃对一切美丽事物的追求吧。

我叫李小华，木子李，大小的小，中华的华。都是几个没有任何偏旁的最简单的字，就如我本人，简简单单，但简单不等于没有追求，相反，在追求理想的路上我快乐地生活着。

自夸式幽默。懂得用幽默自夸的人，不会蓄意表现自己的狂妄，相反，在自夸的同时是为了向大家显示自己的亲和，幽默的智慧正在于此，幽默让伟大显得谦逊，让谦逊变得伟大。

经常让陌生人过目不忘的原因不在于她外表的独特，而是在于她幽默的生活姿态。她在自我介绍中幽默地说道："大家都知道'鹤立（丽）鸡群'这个成语，我是人（任），更希望出类拔萃，所以，我叫任丽群。"

这种幽默、风趣的自我介绍，想不要引起他人的注意都很难。总之，自我介绍有很大的发挥空间，我们应该想方设法把它丰富起来，不要放过任何一个吸引人注意的机会。

幽默地说出你的名字，将自己的名字与大家熟知的"笑点""笑料"巧妙联系在一起，你在介绍自己的名字的同时，已经不经意地牵引他人去想象、去发笑。

因此，幽默地说出你的名字，你将会是交际场上永远受人欢迎的一只优雅地翩翩起舞的蝴蝶，尽显自己的恢宏气度与乐观本质。

幽默公关：巧妙说服助你成功

俗话说：万事开头难。向别人提要求是件很难的事情。不仅是你，对方也会感到有一定的麻烦存在。所以，幽默的语言对公关非常必要。彬彬有礼的幽默语言是最好的敲门砖，把握好分寸就会让人难以拒绝。

人都是情感动物，只要你能打动他，他必然会欣然应允你的要求，而适当的幽默策略会使与人商谈的气氛变得友好、和谐，因此无论是间接请求还是述因请求，在提要求或者做宣传的时候尽量幽默一些，不给对方压力，也不要使自己压抑。幽默的说话技巧让你在公关中如鱼得水。

公关，通过与人交涉来开展自己的业务，公关的成败在于口才，口才的关键在于对幽默度的把握。某个县城的一家银行就恰恰运用了幽默的公关术，利用广告幽默使自己的业务变得红火起来。

这家银行的分行开张的时候，在报纸上登载了一份很幽默的广告，广告将银行职员的姓名与一些有趣的漫画人物结合在了一起，一下子引起了当地人的极大兴趣，争相前来观看。开幕仪式结束后还有很多人慕名前来观看，其中有的人甚至将报纸上的漫画人物与银行里正在工作的职员一一进行比较。

如此一来，银行的知名度打开了，销售业绩步步高升，漫画给银行带来了效益，更确切地说是幽默公关给银行带来了利润。

像这家银行一样利用幽默来实现顺利公关、打开品牌销路的例子不胜枚举。如美国的一家打字机公司就曾这样幽默地打出自己的广告语："不打不相识"；有家餐厅的广告语这样说："本店征招顾客无数名，无须经验。"广告作为公关的范畴，目的就是激发人们潜在的购买欲望，最终实施购买行为。而幽默是公关业务最巧妙的说服。

另外，幽默公关的技巧包括：

1. 公关交谈，没话要找话，话要有趣味

真正的幽默高手，不会出现冷场的尴尬局面，因为他们总是能够在适当的时候找到合适的话题来打破不和谐的场面。公关是一个公司综合发展的重要手段，公关的幽默口才对商谈的进程起到了非常重要的作用。

幽默可以让优秀的公关人员在轻松交谈中引导整个交谈的进程，在交谈中处于主动地位，从而促进商务活动的开展，实现强有力的合作。

2. 幽默激将，说服他人妙不可言

激将法是幽默公关中的一种战略口才，虽然没有幽默的说辞，也不会给别人带来搞笑的趣味，但是它确实能达成自己的愿望。

激将法并不是每一个人都能够运用得恰到好处，幽默的激将法不仅仅是内在幽默生活态度的体现，更是一种圆融的说话智慧。学会幽默的激将表达，你将会说服他人无法说服的人，你将会做到他人难以做到的事情。

含蓄说话：幽默胜过千呼万唤

1890 年，美国著名的幽默作家马克·吐温和一些社会名流参加道奇夫人的家宴。不一会儿，就出现了大宴会上经常发生的情况：人人都在跟旁边的人谈话，而且在同一时间讲话，慢慢地，大家便把嗓音越提越高，拼命想让对方听见。

马克·吐温觉得这样有伤大雅，太不文明了。而如果这时突然大叫一声，让大家都安静下来，其结果肯定会惹人生气，甚至闹得不欢而散。怎么办呢?

马克·吐温心生一计。他对邻座的一位太太说:"我要让这场吵闹静下来,法子只有一个。您把头歪到我这边来,装成对我讲的话非常好奇的样子,我就这样低声说话。这样,旁边的人因为听不到我说的话,就会想听我说的话。

用幽默的语言提出自己的意见

说服别人,有时候不是因为你的道理有多长,而是取决于你用多机智的方法去表达。含蓄的幽默,将会让你在交际场合屡试不爽。含蓄,让别人读懂了你的明智;幽默,让他人赞叹你的乐观人格。

用幽默的方法间接指出他人的荒唐,才会使他人愉快地接受批评。因为这样的批评让他人在不伤自尊的情况下,明白了自己的错误。

懂幽默的人跟任何人都聊得来
——你学会的幽默让全世界都欢迎你

"我只要叽叽咕咕一阵，你就会看到，谈话会一个个停下来，最后，除了我叽叽咕咕的声音外，其他什么声音都没有。"

接着，他就低声讲了起来："11 年前，我到芝加哥去参加欢迎格兰特的庆祝活动时，第一个晚上设了盛大的宴会，到场的退伍军人有 600 多人。

"坐在我旁边的是 ×× 先生，他耳朵很不灵便，有了聋子通常有的习惯，不是好好地说话，而是大声地吼叫。他有时候手拿刀叉沉思五六分钟，然后突然一声吼叫，会吓你一跳。"

说到这里，道奇夫人那边桌子上闹哄哄的声音小了下来。然后寂静沿着长桌，一对对一双双蔓延开来，马克·吐温用更轻的声音一本正经地讲下去："在 ×× 先生不作声时，坐在我对面的一个人对他邻座讲的事快讲完了……说时迟那时快，他一把揪住她的长头发，她尖声地叫唤，哀求着，他把她的领子按在他的膝盖上，然后用刺刀猛然一划……"

到这时候，马克·吐温的玩笑已经达到了目的，餐厅里一片寂静。马克·吐温见时机已到，便开口说明他玩这个游戏是要请他们记住这个教训，从此要讲礼貌，顾念大家，不要一大伙人同声尖叫，让一个人讲话，其余的人好生听着。大家听了，哄堂大笑，只是个个脸上的表情都有些尴尬。

任何时候给他人提意见都不是一件轻松的事情，提意见从出发点来看是出于好心，但不小心就会给他人造成不快，尤其是在公众场合。

如果能把直言变成幽默的语言，既能够既表达自己的意见，又使对方在笑声中认识到错误，听取你的意见。

淡化感情：幽默融化交际之冰

社交过程中，并不总是一帆风顺，当你在公众交往中遇到了让自己尴尬、让他人尴尬、让自己为难、让他人为难的境况时，不要着急摆脱，学会运用幽默的智慧将谈话的感情色彩淡化，才能将交际之冰巧妙融化。

幽默的口才就如春风一样让人心旷神怡，愉悦人的情感，让你在亲和中拉近双方距离。这就是幽默在交际中的魅力与威力。

因此，在社交活动中如果遇到让人尴尬而不满的情景，最好不要生硬地表达，而要学会运用幽默，淡化感情色彩，从而摆脱尴尬的局面。

在纽约国际笔会第 48 届年会上，轮到陆文夫发言。面对来自世界四十多个国家的六百多位代表，他不慌不忙，侃侃而谈。

有人问："陆先生，您对性文学怎么看？"这是一个尖锐的问题，回答不好会涉及不同国家的文化冲突问题。

陆文夫清了清嗓子风度翩翩地说："西方朋友接受一盒礼品时，往往当着别人的面就打开来看，而中国人恰恰相反，一般都要等客人离开以后才打开盒子。"

听众席里发出会意的笑声。陆文夫面对难以回答的问题，别出心裁，用一个充满睿智和幽默感的生动比喻，把一个敏感棘手的难题解答得既简练通俗又圆满精辟。凭借诙谐的语言表达了自己对此的态度，淡化了感情色彩。

无独有偶，英国前首相丘吉尔也曾经在公众场合遭遇了尴尬。但是，他没有被突如其来的嘲笑所吓倒，因为幽默的智慧远远胜过嘲笑的挑衅。

英国前首相丘吉尔在他执政的最后一年，出席一个政府举办的仪式。在他身后不远的地方有几个绅士窃窃私语："你看，那不是丘吉尔吗？""人家说他现在已经开始老朽了。""还有人说他就要下台了，要把他的位子让给精力更充沛、更有能力的人了。"

尊严幽默：翩翩风度征服人心

社交需要幽默的口才与智慧，更需要用力维护好自己的尊严，尊严幽默的重要性不言自明。

当这个仪式结束的时候，丘吉尔转过头来，对这几个绅士煞有介事地说："唉，先生们，我还听说他的耳朵近来也不好使了。"

丘吉尔知道，自尊自爱是要以适当方式来表达自己的思想感情，他这里的幽默一语，既淡化了感情色彩，给自己解了围，表达了不满，又使那些绅士自讨没趣。

社交场合碰到别人的不恭言行，还真不能发作，但憋在心里也不好受。海明威曾说过："告诉他你不高兴，但在话中别出现'不高兴'这个词。"把表示不满的语言用幽默的语言掩饰一下，让对方知道你不高兴，又不致破坏气氛，是个不错的方法。

在社交场合中，随时都可能遇到"结冰"的状况，灵活的人会选择用幽默的沟通方式破除不和谐的"坚冰"。淡化感情的幽默技巧，是走上成功社交之路的法宝，是我们在现代生活中立于不败之地的重要技能。那么，正在思索该如何在社交中如鱼得水般游刃的你，应该学会用淡化感情的方式来渲染幽默的氛围。

淡定一笑：面对嘲笑多点雅量

面对他人的嘲笑，一定要有胸襟、雅量，能够幽默地面对他人的嘲笑则是一种境界，同时也是一种做人的智慧。

幽默，所体现的正是大度的气量与乐观的生活姿态。幽默不仅让我们感受到了快乐的力量，而且能够让我们体会到人性的豁达与包容。

在社交中，受到他人的称赞与尊重固然是值得高兴与欣慰的事情，但毕竟一个人的言行举止不可能满足各种人的"口味"。因此，人在"江湖"受到一部分人尊重的同时，而会受到另一部分人的嘲笑。当友善的自己遇到他人的嘲笑时，不妨多点幽默的雅量来面对。幽默会让你看淡他人的无礼，提升自己的人格。

因此，幽默的社交不仅是让他人看到、听到你的幽默口才，更重要的是能让人感受到你幽默的内心与宽宏大量的生活态度。

曾任美国总统的福特在大学里是一名橄榄球运动员，体质非常好，所以他在 62 岁入主白宫时，仍然非常挺拔结实。当了总统以后，他仍继续滑雪、打高尔夫球和网球，而且擅长这几项运动。

在 1975 年 5 月，他到奥地利访问，当飞机抵达萨尔茨堡，他走下舷梯时，他的皮鞋碰到一个隆起的地方，脚一滑就跌倒在跑道上。他站起来，没有受伤，但使他惊奇的是，记者们竟把他这次跌倒当成一项大新闻，大肆渲染起来。在同一天里，他又在丽希丹宫被雨淋湿了的长梯上滑倒了两次，险些跌下来。随即一个说法散播开了：福特总统笨手笨脚，行动不灵敏。自此以后，福特每次跌跤或者撞伤头部或者跌倒在雪地上，记者们总是添枝加叶地把消息向全世界报道。后来，他不跌跤竟然也变成新闻了。哥伦比亚广播公司曾这样报道说："我一直在等待着总统撞伤头部，或者扭伤胫骨，或者受点轻伤之类的来吸引读者。"记者们如此渲染似乎想给人形成一种印象：福特总统是个行动笨拙的人。电视节目主持人还在电视中和福特总统开玩笑，喜剧演员切维·蔡斯甚至在"星期六现场直播"节目里模仿总统滑倒和跌跤的动作。

福特的新闻秘书朗·聂森对此提出抗议，他对记者们说："总统是健康而且优雅的，他可以说是我们能记得起的总统中身体最为健壮的一位。"

"我是一个活动家，"福特幽默道，"活动家比任何人都容易跌跤。"

他对别人的玩笑总是一笑了之。1976年3月，他还在华盛顿广播电视记者协会年会上和切维·蔡斯同台表演过。节目开始，蔡斯先出场。当乐队奏起"向总统致敬"的乐曲时，他"绊"了一下，跌倒在歌舞厅的地板上，从一端滑到另一端，头部撞到讲台上。此时，每个到场的人都捧腹大笑，福特也跟着笑了。

当轮到福特出场时，蔡斯站了起来，佯装被餐桌布缠住了，弄得碟子和银餐具纷纷落地。蔡斯装作要把演讲稿放在乐队指挥台上，可一不留心，稿纸掉了，撒得满地都是。众人哄堂大笑，福特却满不在乎地说道："蔡斯先生，你是个非常、非常滑稽的演员。"

面对嘲笑，最忌讳的做法是勃然大怒，大骂一通，其结果只会让嘲笑之声越来越炽。要让嘲笑自然平息，最好的办法是运用幽默的姿态一笑了之。一个有幽默感的人，不会去考虑别人的想法，而是有风度、有气概地接受一切非难与嘲笑。伟大的心灵多

玩笑自嘲：用谦逊赢得影响力

人们总抱怨说幽默很难，其实幽默很容易，只要你学会适当地嘲讽自己，你天天都是幽默的。开个玩笑自嘲一下，没有人会笑你傻，真正傻的人是不懂自嘲的"聪明人"。

一个懂得自嘲、幽默的人必定是一个社交高手，自嘲可以巧妙地把对自己不利的因素，用一种荒诞的逻辑扭转成有利因素，将自己从困境中解脱出来。

如果你吃了一个鸡蛋感觉很好，又何必认识那只下蛋的母鸡呢？

我看过您的很多书，非常崇拜您，可不可以认识一下？

适当地拿自己开开玩笑吧，这不仅是一种机智，更是驱散忧虑、走向成功的法宝。

是海底之下的暗流。

这再次证明了幽默比滑稽更具有影响力，幽默是尴尬与拘谨的克星，幽默让一个有涵养的人懂得用雅量去面对他人的嘲笑。

在社交过程中，以讥讽应对嘲笑，只会降低自己的品格，让他人的嘲笑声再次风起云涌。多点雅量面对嘲笑，是对自己的信任，对他人的包容，是淡定的从容积淀出来的优雅。有了雅量的人生，就是充满尊敬、赞扬与幽默的人生。

第五章

沟通幽默——寓庄于谐，更易成功

善用微笑为幽默的气场加分

有人对幽默中的微笑这样评价：真正的幽默很多源自真诚的热情而少出于理智的思考，幽默不是鄙夷，不是出现在哄笑里，它的真义在于爱，出现在安详的微笑里。

在社交场合中微笑是最重要的表情。幽默不是肤浅的谈笑，也不是低下的嘲讽，它是健康的、积极的，它蕴含哲理而妙趣横生。如果说幽默能给机械而繁忙的生活带来一丝生机与活力，那么我们不妨都成为生活中淘取幽默的高手，让生活充满情趣，让快乐的微笑时刻洋溢在我们的嘴角。

微笑是一种良性的脸部表情，反映出一个人的内心世界，是自信的标志、礼貌的象征、涵养的外化、情感的体现。在演讲中可以象征性格开朗与温和，可以形成融洽的气氛，消除听众的抵触情绪，可以激发感情，缓解矛盾。幽默的智者往往能够在脸上出现一种标志性的表情——微笑。

　　微笑可以以柔克刚，以静制动，沟通情感，融洽气氛，缓解矛盾，消融"坚冰"，为幽默口才表达的成功打下良好的基础，

微笑的练习与实用建议

　　第一，微笑练习的动作要领是：口腔打开到不露或刚露齿缝的程度，嘴唇呈扁形，嘴角微微上翘。

　　第二，微笑要分清场合，如召开重要会议、处理突发事件、参加追悼大会时，就不能脸带微笑。平日在运用微笑传情达意时要真诚自然，切不可皮笑肉不笑、虚情假意地笑。

是善意的标志、友好的使者、成功的桥梁。服务业的老板有一个共识：宁肯雇用一个小学还没毕业的女职工——如果她随时展露出可爱的微笑，而不愿雇用一位面孔冷漠的博士。这话有些极端，然而却道出了其中的奥妙。

一次和朋友搭出租车去一个不大熟悉的地方。一路上，我们和司机有说有笑。但不知为什么，车开出不久就连续遇到五六个红灯。眼看快到了路口，又碰到一个红灯。朋友随口嘟囔着："真倒霉！一路都碰到红灯，就差那么一步。"听到朋友的话后，司机转过头，露出一个很豁达的笑容："不倒霉！世界很公平，等绿灯亮时，我们总是第一个走！"

司机简单的一个笑容，简短的一句话，让我们感动。快乐其实很简单，快乐就产生于我们看待同一件事情的不同角度中。学会以笑待人，我们将会在到处充满美好的世界中，遇见心想事成的自己。

发自内心的微笑是人们美好心灵的外现，是幽默的涵养；也是心地善良、待人友好的表露；是一个人有文化、有风度的具体体现。一个有幽默口才的人，就应该是这样的一种人。做说服人的工作，参加辩论和谈判，首先要打动他人的心；而动其心者莫先乎情，表情中最能赢得人心的是微笑。发自内心、表达真情实感的微笑，是取得说服效应的"心理武器"，也是辩论和谈判取得成功的秘诀之一。

既然在日常的交谈、辩论、演讲中，微笑有众多的效用，那么微笑训练便显得必要。然而，微笑训练都有哪些技术上的要求呢？这里介绍一个小小的诀窍，发明人是我国著名的电影表演艺术家孙道临。他说你只要在嘴上念声"茄子"就行了。

恰当的微笑，会让幽默的气场不断扩大，会让他人更加轻易地接受你、喜欢你。

幽默道歉，谅解不请自来

几乎对所有人来说，道歉都不是一件很轻松的事，道歉会让大家感觉到难为情。但是如果做错了事，就要请求他人的原谅。道歉也是一门很有学问的艺术。学会幽默，道歉也会变得容易，而没有我们想象中的那么难以启齿。试着幽默地表达自己的歉意，这不仅不会让我们觉得没有"面子"，还可以很好地化解难题。

夫妻之间，发生争吵的事情犹如家常便饭，这不，老孙又跟妻子吵架了，他们相互赌气，一连好几天都互不理睬。老孙就想，自己作为男子汉大丈夫，和老婆计较显得太不大度，于是，他想了一个办法，让他们夫妻轻松地便和好如初了。

这天晚上，在睡觉之前，老孙在床头的桌子上放了一张字条，上面写着："孩子他妈，明天，请在早上6点钟叫醒我，我有急事需要处理。孩子他爸。"

第二天早上，老孙一觉醒来，却发现已经7点了，当时他就想，妻子没有叫醒我，难道他还没有原谅我的意思，正要生气，

却看到床头柜上有张字条，上面写着："孩子他爸，快醒醒，快醒醒，已经6点整了。孩子他妈。"看到这个条子，老孙再也气不起来了，不禁笑出声来。拿着这张字条跑到妻子面前，没想到妻子也笑了。

直白的道歉可以有立竿见影的效果，幽默含蓄的道歉方式同样可以赢得对方的欣赏和认同。老孙和妻子之间这种无声的道歉方式实在是非常高明。以幽默的情景喜剧来代替干瘪乏味的语言，解决日常生活中的分歧，最后可谓是皆大欢喜，有一个快乐的结局。

马先生在外忙着做生意，所以经常会忘记太太的生日。他太太为此跟他有过好几次不愉快，所以马先生便向太太保证说以后一定记得她的生日，会给她庆祝。但是，不巧的是，他太太今年的生日，他又忘了。生日过了三天他才想起来。虽然如此，他还是给太太买了一份精美的礼物，然后送到他太太的面前，说："亲爱的老婆大人，你的样子真是太年轻了，我都没反应过来你又长了一岁。这也难怪我记不得你的生日。"本来马太太还一直对这件事情耿耿于怀，但是，看到丈夫为自己选了礼物，并且还说了一句这么贴心的话，就没有了脾气，转怒为喜了。

马先生在弥补自己过失、给太太道歉的同时，幽默地声称是因为自己没有察觉到太太已经老了一岁，因为自己的太太看起来依旧那么年轻，所以会忘记她生日的来临。马先生如此巧妙幽默地借机称赞太太年轻貌美，这样的道歉，即使是再生气的太太也会无力拒绝。

如果你正为自己做错了事而烦恼，想着要如何向对方道歉的话，那就尝试着施展一下自己的幽默魅力吧。因为，幽默是人生的一种态度，是精神的一道出口，是生活的一杯美酒。

如此说来，对掌握幽默技巧的人来说，道歉并不是一件难事。懂得用幽默道歉，可以让自己的精神世界变得丰富多彩起来，没有人会拒绝诚挚与快乐的致歉。所谓世上无难事，只怕幽默人。

活学活用的灵性让谐趣顿生

人的一生，都是在不停地学习。这个学习包括两个方面，第一种是学习文化知识，如学生们每天坐在教室里听老师讲课；另一种则是在实践中学习，学习各种技术技巧。学习的效果也可以分成两种，一种是潜移默化式的，另一种就是立竿见影式的——我们把这一种叫作活学活用。在做事的幽默技巧中也有一种方式叫作活学活用式的幽默。

活学活用式的幽默是指在学习别人的做法时，理解并掌握别人的方法，然后将这种方法运用到自己的实践中来。

一次，小王向邻居借了一笔钱，借钱的时候，说好一个月后归还。一个月后，邻居向他要钱，他故作惊讶地说："我没有借你的钱呀！"邻居看了看他说："你忘了吗？上个月的时候，你向我借的。"

小王故作惊讶地说："对，的确上个月我借了你的钱，但是，你应该知道，哲学上讲'一切皆流，一切皆变'。现在的我已不是上个月向你借钱的我了，你怎么叫现在的我为过去的我还钱呢？"

活学活用幽默

活学活用式的幽默也要注意方式方法。

活学活用式的幽默关键是要尽快学习掌握对方的方式方法，深刻地理解对方的意图。然后学以致用，将学到的方式方法尽快投入使用。

先生您能不能送我几滴血呢？那样就能大大增加我的财气啦！

请给我几滴血吧，我要把您的血输到我的球队的中锋身上，这样会大大增强他们比赛的意志。

在使用过程中，要注意巧妙地置换条件，否则按照正常的方式去理解，则没有幽默可讲了。幽默的力量只有突破常规才能显示出来。

邻居气得一时无言以对，他回到家里，想了一会儿，拿了一根木棍，跑到小王家里狠狠地把小王痛打了一顿。小王抱着头气势汹汹地叫道："你打人了，我要到法庭去告你，等着瞧吧。"邻居放下木棍，笑嘻嘻地对小王说："你去告吧，你刚才不是说'一切皆流，一切皆变'吗？现在的我，早已不是刚才打你的我了，你确实要去告，就告那个刚才打你的那个我吧。"小王听了，无话可说，被饱打一顿，也只好自认倒霉了。

　　无独有偶，一个吝啬的老板叫仆人去买酒，却没有给他钱，仆人问："先生，没有钱怎么买酒？"老板说："用钱去买酒，这是谁都能办到的，如果不花钱买酒，那才是有能耐的人。"一会儿，仆人提着空瓶回来了。老板十分恼火，责骂道："你让我喝什么？"仆人不慌不忙地回答："从有酒的瓶里喝到酒，这是谁都能办到的。如果能从空瓶里喝到酒，那才是真正有能耐的人。"

　　不花钱买酒与空瓶里喝酒一类比，其内在就出现了针锋相对的矛盾，谐趣顿生。"现炒现卖"的学习灵性，表现了仆人的智慧。

顺势而语，幽默口舌巧做事

　　以最佳的方法追求最佳的目的，叫作"智慧"。幽默智慧则是以最幽默的方法追求并实现最佳的做事目的。

　　这个时代，盲目的蛮干已经不再适用当下的生活以及工作形式。这是一个说话、做事都讲求头脑的世界，因此想要达到最佳的目的，就多发挥一下自己的思考力，寻求出一个最有利的方法。幽默口才，则是在智慧的基础上生成的轻松、诙谐的做事方法、说话技巧。

这是在哈佛课堂上常会听到的一个幽默智慧故事。罗斯是闻名世界的大化学家、百万富翁。

他买了很多精美绝伦的世界名画和珍贵文物，并将这些价值昂贵的东西放置在宽敞的客厅里，供客人欣赏。一个小偷得知此事后，便想去偷几件卖掉。

一个深夜，他悄悄潜入罗斯家中，发现室内无人，就大胆地摘下了一幅价值20多万美元的名画，并抱起桌上的一件文物，正欲溜出门去。这时，一瓶酒吸引了小偷的注意。酒液清碧，散发出阵阵扑鼻的酒香。这小偷爱酒如命，马上拧开酒瓶盖，仰起脖子大口大口地喝了起来。忽然门外传来了脚步声，小偷马上放下酒瓶，夺路而逃。

警察在屋里没有发现罪犯的任何痕迹。这时罗斯的仆人说，放在客厅里的酒少了半瓶，一定是那窃贼贪杯，喝了几口。警长乔尼听后心生一计，吩咐罗斯马上写一份声明，在当天的晚报上登出。第二天，窃贼竟然来叩罗斯家的门了。躲在屋内的警察马上冲出去抓住了窃贼。

罗斯登报声明写了什么，竟使小偷自投罗网？声明内容如下："我是化学家罗斯。今天回家，我发现家中桌子上绿色酒瓶里的液体被人喝了几口。那不是酒，是有毒液体。谁喝了快到我家

答非所问与因势利导的应变

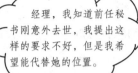

经理，我知道前任秘书刚意外去世，我提出这样的要求不好，但是我希望能代替她的位置。

好吧，要是殡仪馆同意，我本人完全赞同你去殡仪馆替代她的位置。

答非所问，即回答别人问题时，利用语言的歧义性和模糊性，故意错解对方的话，问东答西。这种说话方式在回答对方的问题时，往往都会出奇制胜，产生特别的幽默效果。

你的剧本糟透了，谁要看？收回去，停演吧！

我完全同意你的意见。但是，这么多观众怎么办？能禁止这个剧本演出吗？

在一些争论场合里，应该时刻注意周围群众的情绪，尽量调动群众来支持自己的正当的观点，巧妙地"因势利导，诱敌深入"，寻找一个突破口，借助群众的力量，给对手精神重压，使之无回击之力。

84

服解药，否则两天内必有生命危险。请读者阅后相互转告。万分感谢！"

顺势而语是一种机智，"解药"成了一种巨大的诱惑，警长让罗斯幽默地把酒液说成是毒药，造成窃贼的心理恐惧，以至于回到罗斯那里寻找所谓的"解药"，使窃贼自投罗网。乔尼警长抓住了人惜命胜于惜财这点，迅速地找到了解决问题的方法。

从用智慧做事的理论中可以得知，解决问题的最佳方法往往是在耗费最少精力与口舌的情况下达到了最终目的。

舞台上，在击毙敌人的一刹那，手枪竟没有响。再次射击时，仍无声音。台下的观众哗然。演员一时不知所措，他慌乱地抬起脚，朝敌人狠狠踢去。扮演敌人的演员却很幽默，只见他慢慢地倒在了地上，然后吃力地抬起了头，用微弱的声音说道："他的靴子，原来有毒！我，我真的不行了……"

观众一阵大笑，演出最后取得了完满的成功。如果没有那位演员的幽默应变，说不定就会遭遇冷场的尴尬，幽默智慧让事情可以在意外中得以顺利发展。

做成一件事情，离不开智慧的头脑，也离不开智慧的口才。幽默作为"丰富而深刻的精神基础"，是一个人智慧积淀的结晶，是走向成功之路的安全扶梯。

直意曲说，圆融幽默易成事

圆融幽默是一种姿态，一种生存的韧性。圆融之人如"水"，遇山水转，遇石水转，以"天下之至柔，驰骋天下之至坚"。水灵活处世，不拘于形，因机而动，因势而变的运行姿态是圆融的最好的诠释。幽默能够让你不断改变行事风格和处世策略，让你在整个交际生活中游刃有余。

圆融幽默能考虑他人的感受或者保护自己的隐私。

心理学的研究表明，谁都不愿把自己的错处或隐私在公众面前"曝光"，一旦被曝光，其就会感到难堪或恼怒。因此，在交际中，如果不是为了某种特殊需要，一般应尽量避免触及对方所避讳的敏感区，避免使对方当众出丑。必要时可委婉地暗示对方你已知道他的错处或隐私，便可对他造成一定的压力。但不可过分，只需"点到为止"。

既能使当事者体面地"下台阶"，又尽量不使在场的旁人觉察，这才是最巧妙的"台阶"。批评他人时，莫忘给对方备好台阶，以变通的幽默智慧创造出和谐的生活天地。拒绝他人时，用圆融的幽默代替直言的冲撞，将不好说的话幽默地说出来。

约翰·辛格·萨金特，美国人像画家，特别善于画富人和名人。

在一次晚宴上，萨金特发现自己身边坐着一位热情洋溢的女倾慕者。"哦，萨金特先生，前两天我看到了您最近的一幅画，忍不住吻了画上的人，因为那人看上去太像您了。"她动情地告诉萨金特。

"那么，它回吻了您吗？"画家幽默地问。

"什么？它当然不会。"女倾慕者干脆地说。

"这么说，它一点儿也不像我。"萨金特大笑了起来。

约翰·辛格·萨金特并没有对女倾慕者的告白直接表示出自己的看法，而是委婉地通过画像作借口，表达了自己对倾慕者的态度。圆融的幽默，保留了他人的情面，显示了人格魅力的光环。

懂得幽默地说话的人往往都会不动声色地让对方自己识趣，有时遇到意外情况使对方陷入尴尬境地，外圆内方的人在给对方提供"台阶"的同时，往往会采取一些妥善措施，及时用幽默的语言给对方的尊严上再增添一些光彩，使对方感激不尽。

有效的幽默要通俗易懂

幽默需要给他人带去欢乐，需要将自己与他人和谐地联结。有效的幽默语言往往是通俗易懂的语言。如果说一些令人费解的话，只有一个效果——让他人莫名其妙。

所谓弹琴看听众，幽默看对象。用幽默说话时要意识到自己是讲给哪类听众听的。如果他们不是专家学者，就必须使用浅显、平易近人、朴实的幽默语言，让自己的谈吐适应他们的水平，当然不能之乎者也。

另外，如果直来直去不容易达成做事情的目的，就要学会幽默拐弯。直线像一把利刀，虽然锋利但难免伤人；曲线像一个圆，虽然线长但往往能如我们所愿。幽默地说话的道理亦如此。

在美国的一所大学里，一位善用圆融幽默的俄文教授在给同学们上第一堂俄文课的时候，居然带着他的一只小狗来到了课堂上。在上课之前，这位教授用俄语作为口令，让自己的小狗做了一系列精彩的表演，其中一个口令代表着一个动作，小狗很精彩地完成了表演，赢得同学们的热烈掌声。

待掌声逐渐安静下来，教授指着自己的小狗对大家幽默地说道："各位同学们都已经看到了，这只小狗能够按俄语的指令一个不差地完成表演。"稍作停顿后，他又说，"由此可见，俄文是很容易学会的，连一只小狗都能够听得明白，相信大家更是没有问题的。"

这位俄文教授并没有像一般的老师一样，上课就对自己的学生说学习有多重要，用死板的教条来督促学生。他圆融地借助了小狗的表演来激发学生们对俄语学习的兴趣，同时幽默地指出了学习俄语并不是什么难事。

让脑子转个弯儿来补救失言

懂幽默的人会及时驾驭自己的思维，让自己的脑子因地因时地转弯。"人有失足，马有乱蹄"，在现实生活中，即使辩才如张仪，也难免会陷入词不达意的尴尬，更不用说偶尔头脑发昏，举止失当，做出莫名其妙的蠢事。虽然个中原因不同，但后果却相

似：贻笑大方或引起纠纷，有时甚至一发不可收拾。这种时候，你就得让脑子转个弯儿，巧用幽默思维化解纠纷。

美国国务卿基辛格是一位成功的外交家，一次，他在接受意大利女记者法拉奇的采访时，说起自己成功的外交施政时，竟夸口说道："美国人崇尚只身闯荡的西部牛仔精神，而单枪匹马向来是我的作风，或者说是我技能的一部分。"此番话一经报纸发表，马上引起轩然大波，连一贯赞赏基辛格的人们也不满于他好大喜功的轻率言论。然而，基辛格毕竟是基辛格，他不但沉住了气，还幽默地主动接受采访并乘机声明："当初接见法拉奇是我平生最愚蠢的一件事，她曲解了我的话，拿我来做文章罢了。"

基、法两人的话，究竟谁真谁假，外人一下子丈二和尚摸不着头脑。这便是一种转移别人注意力的幽默方法。它可以减轻失误的严重性，但在一般情况下，应用此法应该谨慎，因为它实际上是诿过于人，不到万不得已最好少用，以免有损自己的声誉，失去他人的信任。

从前，有一个云游天下的僧人，很有智慧。一次，他来到一个地方，听说前方有一户人家，从来不许人借宿，他决定去借宿一夜。

天黑下来以后，这个游僧就走进了这户人家。这时，他突然变成了一个"聋子"。在互相致意之后，主人急忙给他烧了茶，招待他吃了饭，然后打着手势对他说："吃了饭早点动身吧，我们家里是不能过夜的。"

游僧佯装不懂，只是瞪大眼睛看。主人用手指指门，再次请他出去。

"好，好。"游僧好像懂了。一边说着，一边大步走到门外，把包裹拖了进来，放在西北角的柜子前。

主人又做了一个背上包裹快走的手势。游僧立即跳了起来，举起包裹放在柜子上面，嘴上说："这倒也是，里面可全是经书啊！"

主人又反复比画，要他走，他却点点头，说："没有小孩好，不会乱拿东西。我把两根木棍插在包裹的粗绳上了。"人家说东，

摆脱两难问题的幽默法

"两难"问题就是不论你回答"是"或"否"都可能给你带来麻烦的问题。回答这类问题需要幽默而机智的口才技巧。

请问，您喜欢中国小姐，还是美国小姐？

不管是中国小姐还是美国小姐，只要是喜欢我的人，我都喜欢。

正式场合遭遇两难，学会用朦胧幽默为自己解围。针对两难问题，无论选择哪一个答案都会让人遭到质疑的时候，不要直接做出选择，而是运用一些模糊语言，不仅给对方留了情面，也为自己保全了气度。

懂幽默的人跟任何人都聊得来
——你学会的幽默让全世界都欢迎你

他就说西，弄得主人哭笑不得，最后没法，只得留他过了一夜。

很多情况下，如果据理力争不成功，反向思维，用"装聋作哑"去化解异议、转移话题，让他人无法推辞，从而达到自己的目标。

有句俗语说，一半是真，一半是假。"借口"永远是有的，就看你如何去发现，怎样去利用。时常让自己的思维转个弯，借助幽默补救失言。这应验了中国的一句古谚语："塞翁失马，焉知非福。"将自己说过的"错话"添文减字，让意思改变，是幽默改口的另一个招数；抑或将自己的意愿通过另一种方式委婉地表达出来，就会更加容易被人接受。

但是，需要注意的是用幽默补救言语失误或举止失当，应视场合而采取不同手段。灵活运用，方能百战百胜。如果拘泥于形式，只会雪上加霜。以上所介绍的只是变通情况下应采取的幽默应对之法，希望对读者有所帮助。

因此，当你发现自己不小心说错了话的时候，不妨让自己的脑子转个弯，变换一下语言，将失言解释得津津有味。

幽默做事情，保全他人面子

每个人都有自尊，都要面子，当我们遇事待人时，应谨记一条原则：在不违反原则的基础上别让人下不了台。之所以提倡幽默地做事，原因正在于此。幽默地做事可以在保全他人面子的同时，达成自己的目的。

一句或两句体谅的话，对他人态度宽容，这些都可以减少对别人的伤害，保住其面子。假如我们是对的，别人是错的，我们也不能让别人丢脸。传奇的法国飞行先锋和作家安托安娜·德·圣苏荷依写过："我没有权利去做或说任何事以贬低一个人的自尊。重要的并不是我觉得他怎么样，而是他觉得他自己如何，伤害他人的自尊是一种罪行。"幽默地做事贯穿的原则就是豁达、大度，为别人留情面。

海涅经常收到许多朋友寄来的诗稿。有一次，他收到一份欠邮资的稿件。拆开一看，里面一首诗也没有，只有一捆稿纸，并附有一张小纸条，上面写着："亲爱的海涅，我健康而快活，衷心地致以问候，你的梅厄。"

海涅手里拿着邮件，猜不透这位朋友的用意。几天以后，梅厄也收到了一个欠邮资的沉重的邮包。他打开一看，竟是一块大石头，还有一张便笺，上面幽默地写道："亲爱的梅厄，看了你的信，我心里的这块石头才落了地，我把它寄给你，以纪念我对你的爱。"

海涅以彼之道还施彼身，用对方的方式来启发对方，让对方认识到自己的行为，不必用言语让对方难堪，反而因此保全了双方的面子。这正是幽默做事的内涵所在。

当一个人已经做出一定的许诺——宣布一种坚定的立场或观点后，由于自尊的缘故，使其很难改变自己的立场或观点，此时你若想说服他，就必须顾全他的自尊。

这是每个幽默说服者都懂得的——保全他的自尊。

即使对方犯错，而我们是对的，如果没有为别人保留自尊，就会在毁他人的颜面的同时断送自己的一个朋友。因此，你要说服他人就应该遵循这一原则：帮助别人认识并改正错误，幽默地说话，保全他们的面子。

幽默沟通中的间接批评方法

张三在深圳一家大的合资企业工作。他经常在上班时间去理发店理发，这是违反公司规定的。公司经理知道后，决定抓他一次，狠狠地批评。

一天，当张三正在理发店理发时，公司经理也来到店里。张三看见经理，急忙低下头，藏起脸，想躲过经理。可是经理站在他旁边的位置上，把他叫出来。

"喂，张三，"经理说，"你怎么在上班时间理发？"

"是，经理。"张三说，"您看，我的头发是在上班时间长的。"

"不完全是，"经理马上说，"有些是在你下班时间长的。"

"是的，经理，您说得对。"张三礼貌地回答，"但是，我现在只剪上班时长的那部分。"

经理听了不禁笑了起来，也忘了指责张三了。

张三在上班时间理发是不对的，在正常情况下，经理必定会批评他，甚至对他产生不好的印象。但经过张三这么幽默地一说，经理与他的误会顿时化解了，而且他们之间的关系也融洽起来。无论是经理还是张三，他们都属于懂幽默会说幽默话的人，经理对张三在上班时间理发并没有采取直接的批评方式，而是巧借"有些是在你下班时间长的"的幽默来婉言批评张三的不对，张三则借助经理的幽默顺势说下去，带给了经理"笑"点，让经理的不满自动消失了。

幽默沟通中的间接批评，让他人容易接受，让自己少受闷气。在旅途中，司机师傅并没有全心全意在开车，他只用一只手握着方向盘，却把另一只手伸出车外，还把车开得飞快。车中有位老婆婆对此很紧张，但是她没有直接批评司机师傅开车太不谨慎，她是这样说的："年轻人，这个地方下雨挺频繁的吧？"

"那是当然了，这里的天就像孩子的脸一样说变就变呐。"司机师傅悠然地回答道。

"哎呀，我说你总喜欢把手放在窗外呢，看来是帮我们打探天气呢，放心吧小伙子，你专心开车，我帮你盯着天呢，哈哈。"

老婆婆的幽默批评将司机说得笑了起来，赶紧将放在窗外的手收了回来。老婆婆明明知道司机师傅只用一只手开车是很危险的，却幽默地将自己的意见用下雨来暗示师傅的不是之处。老婆婆巧用这种知其非而不言其非的做法，不仅给司机师傅留全了面子，消除了情绪上的对立，还通过误会将笑料制造了出来，给他人和自己带来了心情的愉悦。因此，在为人处世中，不妨多体会一下别人的感受，当你批评他人的时候最好不要生硬地将自己的不满直接表达出来。

第
六
章

说服幽默——把幽默的话说到心坎上

"欲擒故纵"，幽默地说服他人

欲擒故纵幽默法的逻辑学常识告诉我们，有时同一种语言在不同的语境中，可以表达不同的概念；有时不同的语词却可以表达相同的概念。

这种欲擒故纵幽默法，一般很有效力。一是增加了幽默感，从而使自己的要求更易为对方所接受。因为心理学理论告诉我们，同一要求，采用不同的方式表达，其客观效果是不一样的。二是先放后收，使对方难以讨价还价，只得照办。

日本大银行不允许职员留长发，因为留长发会给顾客留下颓废和散漫的印象，有损银行的形象。

有一次，一家银行的经理和人事部主任接见一批笔试合格的考生，发现其中有不少留长发的男子。为了能使这些留长发的考生都剪短发，人事部主任在致辞时，没有正面提出要求，而是充分运用了他杰出的口才和幽默感，只说了几句话，便使留长发的考生愉快地接受了他的意见。他是怎么说的呢？

人事部主任留着陆军式的短发，他说："诸位，敝人对于头发的长短问题，历来持豁达的态度，诸位的头发只要在我和经理先生的头发长度之间就可以了。"

众人立即把目光投向经理，只见经理先生面带笑容站起来，徐徐脱帽——露出了一个光头。

人事部主任使用的就是欲擒故纵法，他的本意是要求考生们都留短发的，但他却不直接说出来，而是故意表现出一种豁达的态度，似乎他们的要求并不高。

表面上看来，银行对于头发长短问题历来持"豁达的态度"，好像是"纵"，实际上，"诸位的头发长度只要在我和经理先生的头发长度之间就可以了"，却是"擒"。他是用不同的词语表达了同一个概念。以退为进是欲擒故纵的战略战术之一。

"以退为进"是军事上的用语，暂时退让输赢未定；伺机而进，争取成功，这就是一种欲擒故纵的策略。谈判也如打仗一样，亦是互相交锋，争斗激烈。有时要继续谈下去，有时则要暂时休会；有时要据理力争、讨价还价。

有时候，即使双方都做了许多让步，但双方仍有很大差距，似乎谈判已钻进了死胡同。在确信谈判双方有许多共识，并且主动权在我方手里时，便可采用以退为进的方法。当然，这需要谈判者运用娴熟口才技法，以免被对方识破。

正话反说，跌宕中说服他人

正话反说，也暗示了我们说服他人的时候并不一定必须要遵循忠言逆耳的古训。"良药苦口利于病，忠言逆耳利于行。"这句话重复多了，人们难免会形成错觉，即规劝别人的话必须尖锐，不尖锐的话不配称"忠言"。事实上，良言如果可以不逆耳岂不是更能打动人心，被人欢喜接受？

正话反说的幽默技法，不仅能够让幽默在反话中显得趣味萌生，还能够轻巧地说服他人。在正话反说的幽默技巧中，说出的语言与真正想要表达的意思形成一种鲜明的对比，强烈的反差让说服力在诙谐中变得强大。

如果你是对的，你要坚持自己的观点，说服别人接受，那么最好试着以一种温和、幽默、豁达的态度和技巧达到目的。退一步实际上可以让你进两步，这就是以退为进的高明之处。

许多人并非以论据去反对，往往是意气用事，强硬说服，为反对而反对，若有一方能稍作让步，另一方就会不再反对从而使气氛和缓下来。

又如吵架的一方正欲向对方挥拳时，若对方以幽默的语气向他道歉，本欲挥下的拳头顿时失去了目标而缓缓垂下，一场火药味浓烈的争斗也顿时熄灭。

创造独特，让幽默推动销售

销售已经成为发展企业、促进经济的最重要的业务之一，然而有销售就必须提及说服力。能够将自己的产品成功地销售出去，离不开说话的水平，确切地说是独特的说服力。当把幽默元素带到说服中的时候，谈成业务就不再是难事。

在日趋激烈的销售战场上，一个销售员如果没有巧舌如簧的幽默口才，是很难拨动客户购买的心弦的。交易的成功往往是幽默口才的产物。

作为一名销售人员，想要客户心甘情愿地从腰包里掏钱购买你的产品，必须掌握说服的技巧和艺术。用出色的幽默口才将自己产品的独特卖点以及其他足以让客户欣赏的优越性展现给客户，让客户对你和你所销售的产品心服口服，这就需要专业销售人员不仅对自己产品的优越性、客户的心态等了如指掌，更要有外交家一般的幽默好口才。

为了拥有外交家般的幽默好口才，很多优秀的销售人员都会给出这样几个方面的建议：

1. 广闻博识

只有懂得多了，脑子里才有内容，才不致词穷。一个优秀的销售人员不但要对自己的产品了如指掌，在向客户介绍产品时口若悬河，还要了解各方面的知识，这样才能在谈判陷入僵局时有其他话题，以缓和紧张的局面。

2. 自觉训练

只做到广闻博识还达不到拥有一个幽默好口才的目的，有些学富五车的人虽然懂得不少，却整个一个茶壶里煮饺子——肚里有货倒不出。一个杰出的销售人员还要经常有意识地多说话，说好听的话，说让人开心的话，说让人心悦诚服的话。只有经常训练，才会在面对客户时，临场发挥得好。

自觉训练时，可以每天看一些漫画书，听一些相声、小品，挖掘其中幽默的表达力与表现力。

3. 以理服人

懂得多了，会说了，便要做到以理服人，而不是强词夺理。否则，人家虽然说不过你，也只会口服心不服，达不到营销的目的。要做到以理服人，首先要求你自己要明理，要在说服别人前做好充分的准备，收集与此话题有关的各种幽默材料。

你听完后，如果不满意的话，我当场切腹。无论如何，请你抽出点时间给我吧！

你真的要切腹吗？好的，就给你点时间吧！

推销的时候营造一个融洽和谐的气氛是十分重要的。只有在这样的气氛中生意才可能成交，所以推销员必须注意谈话的技巧，发挥自己幽默、亲切的特点。

是吗？不过，我总比昨天那位同事好点吧？

噢，你们公司的业务员昨天才来过，我最讨厌保险，所以他昨天被我拒绝了。

善于创造拜访的幽默气氛，是优秀的推销员所必备的。只有在一个和平欢愉的气氛中，准客户才会好好地听你说。而这种气氛完全就靠推销员高超的谈话技术来营造。

幽默的语言表达能力并不意味着滔滔不绝。判断一名销售人员是否具有好的语言表达能力，要从他所谈论的话语是否具有说服力上来分析。销售的主要目的是说服，说服力的强弱是衡量销售员销售能力强弱的标准之一。

4.以情感人

对客户说话时，在自己的动作表情中要竭力避免焦躁、着急的不良形象，要显得谦逊、积极、乐观，宜用幽默协商的语气，要充满轻松的情感，让客户感到你不仅仅是向他卖产品，更是为了让他的生活更丰富、更幸福，你可以向客户问些有关他生活的方方面面，问他对产品还有什么意见，有什么想要改进的要求。一个成功的销售人员还会以对自己产品的骄傲与幽默的情感来感染客户对产品产生喜爱之情，进而产生购买欲望。

从销售人员对幽默口才的重视态度就可以知道幽默口才的好坏决定着销售业绩，幽默口才是推销的敲门砖、垫脚石。

旁敲侧击，说服可以不走直线

林肯曾经说过："我虽然向别人讲过很多故事，但是我的经验告诉我，一般人对以幽默为介质的表达更容易受到影响。"那么，当说服与幽默被捆绑在一起的时候，说服便不自觉地被加入了强大的影响力。旁敲侧击的说服术便是幽默技巧在说服中的巧妙运用。

在日常生活以及工作中，每个人的心理都很难把握。我们需要做的是通过缜密、周全的问题推测出对方的真正心思。通过交谈，感受对方的心理，通过旁敲侧击，来巧妙地实现对他人的说服。

据传，齐景公喜欢捉鸟玩，便派烛邹专门管理鸟儿，可是烛邹不慎让鸟飞走了。景公大为恼火，下令杀死他。晏子说："烛邹有三条罪状，让我数落他一番。然后再杀，让他死个明白。"

齐景公高兴地说："好。"于是把烛邹叫进来。晏子便一本正经地说："烛邹！你知罪吗？你为大王管鸟却让它逃走了，这是第一条罪状；使大王为了鸟而杀人，这是第二条罪状；这事传出，让天下人认为我国重小鸟而轻士人，败坏我们大王的名誉，这是第三条罪状。你真是罪该万死！"说完，马上请求景公下令斩杀。可是景公却说："不要杀他了，我接受你的指教了。"

虽说忠言逆耳利于行，但是有时也可以学习晏子的方法，旁敲侧击的方式更容易被接受。晏子的手法很高明。他假意批评烛邹的失职，实则在批评齐景公重小鸟而轻士人。

说服是一种对口才的锻炼与考验，说服别人的迂回之术就是要将表达的意思绕个圈子说出来。旁敲侧击是一种圆融的幽默说服术。

旁敲侧击的说服法能够减轻被说服者内心的负担，避免了因直接受批评而颜面尽失的可能。所以，故事中，齐景公才会听从晏子的劝说。有时候，明明看出了某人的错误，并不直说，而是拐弯抹角地旁敲侧击，这种方法更能让对方接受。他会明白，你是在给他留面子，而不是故意让他难堪。

总之，旁敲侧击的幽默说服术，迂回的表达更具说服力。原来成功地说服不一定非要走直线。幽默的表达方式作为说服曲线上的拐点，一次次将说服推入了令他人无可辩驳的高点。正如法国著名的演讲者海因·雷曼麦说的，用幽默的方式说出很严肃的道理，比直截了当地提出更能被人接受。

保持缄默，变相的幽默说服

幽默的智慧不一定表现在有声世界中，有时候保持缄默是一种更高境界的幽默智慧。缄默不只是意味着沉默，缄默具有强大的幽默说服潜力。

困难真的是很大……条件真的差……时间又紧……好，我一定完成。

沉默可以引起对方注意，使对方产生迫切想了解你的念头。在特定的环境中，缄默常常比论理更有说服力。

缄默是一种力量，是一种变相的幽默说服，缄默足以使人们应付周遭突然的变化，在恰当的时候保持缄默，在合适的地方发挥缄默的幽默力量，说服他人不再那么困难。

幽默引导，让对方说"是"

说服他人无疑就是要让他人给予自己一个肯定的答复——"是"。说服别人的最终就是让他人与自己的观念融合在一起。然而无论是在商场、情场，还是在战场，说服他人又何尝是一件易事。说服他人需要幽默口才，需要口才中的幽默智慧一步步地进行"诱导"。

有个日本小和尚聪明绝顶，他的名字可以说是家喻户晓。他最擅长的说服方式就是用智慧诱导对方说"是"，这位小和尚的名字叫一休。

有一次，足利义满把自己最喜爱的一只龙目茶碗暂时寄放在安国寺，没想到被一休不小心打碎了。就在这时，足利义满派人来取龙目茶碗。

大家顿时大惊失色，不知所措，茶碗已被一休打碎，拿什么去还呢？

一休道："不必担心，我去见大将军，让我来应对他吧！"

一休对将军说："有生命的东西到最后一定会死，对不对？"

足利义满回答："是。"

一休又说道："世界上一切有形的东西，最后都会破碎消失，是不是？"

足利义满回答："是。"

一休接着说："这种破碎消失，谁也无法阻止是不是？"

足利义满还是回答"是"。

怎样在幽默中让对方说"是"

在说服他人赞同自己的过程中，巧妙幽默地让对方回答"是"，这很重要。

当你幽默地和对方表达自己观点的时候，即使你还没有完全讲完自己的请求，但对方已经在心里同意了。

当你生硬地表达自己的请求时，你还没有讲完，对方就已经在琢磨用什么理由来说"不"了。

想要成功说服对方，关键在于说话的语气和态度。诙谐的语气，加上幽默的态度，就一定能成功。

一休和尚听了足利义满的回答，露出一副很无辜的神情接着说："义满大人，您最心爱的龙目茶碗破碎了，我们无法阻止，请您原谅。"

足利义满已经连着回答了几个"是"字，所以他也知道此事不宜再严加追究了，一休和尚通过自己聪明的头脑和机敏的幽默，帮助自己和安国寺安然地渡过了这一难关。

以谬制谬，顺言逆意的说辩

以谬制谬，是幽默说服的有力武器，用对方的逻辑击败对方的道理，让对方即便拥有百口却也难辩。

在说辩中抓住对方命题中的荒谬点，加以推衍，或由此及彼，或由小到大，或由隐到显，最后得出荒谬可笑的结论，从而证明对方的论点是错误的。这种顺言逆意的说辩谋略，在逻辑上属于引申归谬。虽带有某种讽刺意味，但多属善意。

以谬制谬就是对问题换一种思路进行考虑，看似荒谬的回答也有其逻辑可循。

运用归谬方式使说服对象认识原来观点的错误，还可采用这样一种方式，即先提出一些问题让对方谈自己的见解，即便对方说错了，也不要急于直接指出，而要不断地提出补充的问题，幽默地诱导对方由错误的前提推到荒谬的结论上，使之不得不承认其错误，然后再设法引导他随着你的正确的思维逻辑，一步一步通向你所主张的观点，达到劝导说服的目的。

鲁迅的语言和文章尖锐犀利，很经典的便是笑斥"男女大防"。

有一次，一个地方官僚禁止男女同学、男女同泳，闹得满城风雨。鲁迅幽默地说："同学同泳，皮肉偶尔相碰，有碍男女大防。不过禁止以后，男女还是一同生活在天地中间，一同呼吸着天地间的空气。空气从这个男人的鼻孔呼出来，被那个女人的鼻孔吸进去，又从那个女人的鼻孔呼出来，被另一个男人的鼻孔吸进去，淆乱乾坤，实在比皮肉相碰还要坏。要彻底划清界限，不如再下一道命令，规定男女老幼，诸色人等一律戴上防毒面具，既禁空气流通，又防抛头露面。这样，每个人都是……喏！喏！"鲁迅先生一面站起来，一面模拟戴着防毒面具走路的样子。当时逗得大家笑得前俯后仰，事后又引起大家深深的思索。

显然，"禁止男女同学、男女同泳"的理论是荒谬的，鲁迅先生没有对此荒谬直接提出自己的意见，反而通过"男女共同呼吸"的现实来反驳了这一禁令的可笑之处。

这固然是由于他采取了讽刺和幽默的形式，更重要的，还因为他揭示了矛盾，把大家的思想引导到事物内蕴的深度。

鲁迅担任厦门大学教授时，校长常常克扣教学经费。这钱不能花，那钱没有预算，再一笔钱又可以不花。校长老是这样刁难师生，弄得大家意见很大。

这天，校长又决定把经费削减一半。他把各研究院的负责人和教授们召集起来。一说出削减方案，马上遭到教授们的反对。

大家说:"研究经费本来就少得可怜,好多科研项目不能上马,正进行的一些研究工作也日子难熬,不能往纵深发展。再说,许多研究成果、论著因没钱不能印刷,再削减经费怎么得了,不行,不行!"校长根本不认真倾听教授们的意见,他强词夺理,说:"对于经费问题,你们没有发言权。学校是有钱人掏钱办的,只有有钱人才可以发言,在这个问题上应充分尊重有钱人的意见。"

校长话音刚落,鲁迅霍地起身,从长衫里摸出两个银币:"啪"的一声放在桌上,说:"我有钱!我有发言权!"接着,他力陈经费只能增不能减的道理。论据充分,思路严密,无懈可击,驳得校长哑口无言,只得收回主张。教授们胜利了。

鲁迅在这里幽默地将校长所说的"钱"(即财富,广义的钱)偷换成一分二分零花钱的狭义的"钱",从而以两个银币的"钱"为引子提出了自己的理由,使校长无话可说。

巧以对方的谬论"有钱人才有发言权"为根据,将自己的"小钱"掏出来拿到发言权,既诙谐,又讽刺,还能把意见表达出来,鲁迅不愧为一代大文豪。

以谬制谬的幽默实际上是攻守易位,是将对方的观点为己方所用,再用对方观点攻击对方,即攻和守的角色转换。如果在以谬制谬的说服中,又巧妙加入了幽默的调料,那就令说服更加无懈可击了。

巧抓心理，趣味销售要独特

有一个销售安全玻璃的推销员，他的业绩一直都是北美区域的第一名，在一次顶尖推销员的颁奖大会上，主持人说："你有什么独特的方法让你的业绩维持顶尖呢？"他说："每当我去拜访一个客户的时候，我的皮箱里面总是放了许多截成15厘米见方的安全玻璃，我随身也带着一个铁锤子，每当我到客户那里我会问他：'你相不相信安全玻璃？'当客户说不相信的时候，我就把玻璃放在他们面前，拿锤子往桌上一敲，而每当这时候，许多客户都会因此而吓一跳，同时他们会发现玻璃真的没有碎裂。然后客户就会说：'天哪，真不敢相信。'这时候我就问他们：'你想买多少？'"

一桩生意成交了，而整个过程花费的时间还不到一分钟。

当他讲完这个故事不久，几乎所有销售安全玻璃的公司的推销员出去拜访客户的时候，都会随身携带安全玻璃样品以及一个小锤子。

但经过一段时间，他们发现这个推销员的业绩仍然保持第一名，他们觉得很奇怪。

而在另一个颁奖大会上，主持人又问他："我们现在也已经做了同你一样的事情了，那么为什么你的业绩仍然能保持第一呢？"他笑一笑说："我的秘诀很简单，我早就知道当我上次说完这个点子之后，你们会很快地模仿，所以自那以后我到客户那里，唯一所做的事情是把玻璃放在他们的桌上，问他们：'你相信安全玻璃吗？'当他们说不相信的时候，我把玻璃放到他们的面前，把锤子交给他们，让他们自己来砸这块玻璃。"

从头到尾这个金牌推销员都在思考该以怎样独特的方式去吸引顾客的注意，这就是他为什么一直保持领先地位的原因。他懂得以幽默的方式、独特的做法来表明自己产品的与众不同。

幽默在销售中至关重要。幽默地说服顾客需要用独特的方式抓住顾客们的好奇心理，来吸引顾客注意。很多推销员都会精心准备他们在销售过程中的语言。

一位柜台前的推销员在卖皮鞋，他对从自己柜台前漫不经心走过的顾客说了一句："先生，请当心摔跤！"顾客不由得停了下来，看看自己的脚面，这时推销员乘机凑上前去，对客户幽默一笑："你的鞋子旧了，换一双吧！""这双鞋子式样过时了，穿着挺别扭的，我这儿有更合适的皮鞋，请试试看。"不用多说，在此情况下对方的注意力已经一下子集中到销售人员要讲的话题上了。

开始即抓住客户注意力的一个简单办法是去掉空泛的言辞和一些多余的寒暄。为了防止客户走神或考虑其他问题，可在推销的开场白上多动些脑筋，如果开始几句话表述得生动有力，句子简练，语言幽默，那么引起他人注意的概率将大大提高。讲话时目视对方双眼，面带微笑，表现出自信而谦逊、热情而幽默的态度，切不可拖泥带水、支支吾吾。一些推销高手认为，一开场就使客户了解自己的利益所在是吸引对方注意的一个有效思路。

另外，从顾客的利益角度出发，引起对方注意的可能性较大，因为你所说的是他当下最关心的事。即兴的灵感总是少有的，因此在推销之前，做好应有的各项准备，包括你的思维、你的幽默风度，这样才能百战不殆。

间接说服，巧用语言

如果你要表达一个与别人的意见相左的观点时，最好不要一上来就攻击说别人是错误的，而应该机智、幽默地表述自己的观点，然后把对方引到你的观点上来，从而使他们忘记原来的观点。

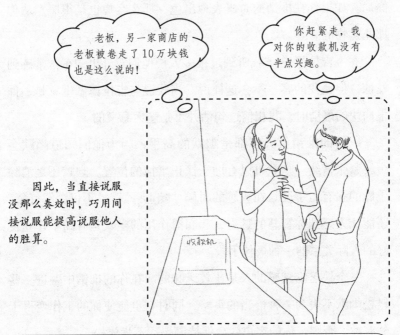

因此，当直接说服没那么奏效时，巧用间接说服能提高说服他人的胜算。

间接的幽默说服法，巧用语言表达，将其幽默转化成通俗易懂的反向描述，说服他人就会变得容易。

恰当幽默，成功推销的宝典

日本推销大师齐藤竹之助说："什么都可以少，唯独幽默不能少。"这是齐藤竹之助对推销员的特别要求。许多人觉得幽默好像没有什么大的作用，其实是他们不知道怎么才能够学会幽默。让我们先看看幽默有哪些好处。

不失时机、意味深长的幽默是一种使人身心放松的好方法，因为它能让人感觉舒服，有时候还能缓和紧张气氛、打破沉默和僵局。如果你在推销的时候表现出色，那么客户也是很愿意从你那儿购物的。

乔·吉拉德说："我听到过很多人说他们对外出购车常常感到发悚，但是我的客户不会这样说。当我说与吉拉德做生意是一件很愉快的事情时，我相信这句话并不是毫无意义的。"

成功的推销员大多都是幽默的高手，因为他们知道幽默会缓解紧张情绪。幽默可以有助于摆正事情的位置。幽默还是消除矛盾的强有力手段。在尴尬的时候"幽上一默"，不仅缓解气氛，还能让人感到你智慧的魅力，起润滑作用的幽默是有助于建立良好的人际关系的一种极佳手段。

一个缺乏幽默感的人是比较乏味的。在你的推销中融进一些轻松幽默不失为一种恰当的策略，同时它也能使你的工作变得十分有趣。否则，你的客户就会保持警惕，不肯放松。

一个推销员对着一大群客户推销一种钢化玻璃酒杯，在他进行完商品说明之后，他向客户做商品示范，就是把一只钢化玻璃杯扔在地上而证明它不会破碎。可是他碰巧拿了一只质量不过关的杯子，猛地一扔，酒杯碎了。

这样的事情以前从未发生过，他感到很吃惊。而客户们也很吃惊，因为他们原本已相信推销员的话，没想到事实却让他们失望了。结果场面变得非常尴尬。

但是，在这紧要关头，推销员并没有流露出惊慌的情绪，反而对客户们笑了笑，然后幽默地说："你们看，像这样的杯子，我就不会卖给你们。"大家禁不住笑起来，气氛一下子变得轻松了。紧接着，这个推销员又接连扔了 5 只杯子，都成功了，博得了客户们的信任，很快推销出了很多杯子。

在那个尴尬的时刻，如果推销员也不知所措，没了主意，让这种沉默继续下去，不到 3 秒钟，就会有客户拂袖而去，交易会失败。但是这位推销员却灵机一动，用一句话化解了尴尬的局面，从而使推销继续进行，并取得了成功。

当你向一位上了年纪的客户推销的时候，千万别开关节炎之类的玩笑。一旦你冒犯了他，你就永远失去了他的信任，一定要谨慎；当你推销矫正或修复仪器时，不要触及客户的痛处；当你推销人寿保险的时候，也要注意别开那种病态的玩笑，幽默要运用得巧妙，有分寸、有品位。在你打算轻松幽默一番之前，最好先敏感一点，分析一下你的产品和你的客户，一定要确信不会激怒对方，因为这种幽默对有些人来说根本不起作用，说不定还会适得其反。譬如，当你和一个严肃的人打交道的时候，你明知道幽默的人都很受欢迎，幽默让沟通变得更简单，幽默是推销的加速器，运用好幽默的法则很重要。在推销的过程中，没有什么比幽默更有利于和顾客之间建立亲和的关系。

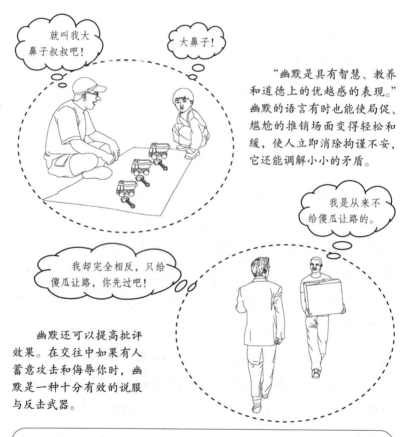

就叫我大鼻子叔叔吧！

大鼻子！

"幽默是具有智慧、教养和道德上的优越感的表现。"幽默的语言有时也能使局促、尴尬的推销场面变得轻松和缓，使人立即消除拘谨不安，它还能调解小小的矛盾。

我却完全相反，只给傻瓜让路，你先过吧！

我是从来不给傻瓜让路的。

幽默还可以提高批评效果。在交往中如果有人蓄意攻击和侮辱你时，幽默是一种十分有效的说服与反击武器。

幽默的口才往往是智慧的体现，是不断练习的结晶，是具有自己个性的语言展示。因此，不妨为口才插上幽默的翅膀，推动销售业绩的不断攀升。

他一本正经，喜欢直截了当，你却偏要故作幽默。

一个真正幽默的推销员，不会将幽默当作一种负担与挑战，而是将幽默作为一种生活与工作的态度。当幽默成为一种习惯，在与人交往中发生矛盾时，幽默的反问能在某些情形下产生神奇的效果。

生活与工作中处处有幽默存在，发现幽默，做一个幽默的人，你的生活处处都会有阳光，你的工作也将不断迎来胜利。

另辟蹊径，小幽默有大智慧

每个人都有天生的创造性潜能，创造在说服过程中的比重越大，越容易激发他人的好奇，也越容易将他人的思绪引到自己的思路中来。因此，另辟蹊径让说服在幽默中悄然进行，让说服在智慧的口才中变得不再困难。

一家私营企业因经营不善，财务室的桌子上总是堆满了各种讨债单。都是千篇一律地要钱，财务主管不知该先付谁的。老板也一样，总是大概看一眼就扔在桌上，说："能拖一天就拖一天，让他们等着吧！"

但也有例外，仅有一次。

那次老板很干脆，他豪爽地说："马上给他。"

那是一张从别国传真过来的账单，除了列明货物标的、价格、金额外，大面积的空白处写着一个大大的"SOS"，旁边还画了一个头像，头像正在滴眼泪，简单的线条，但很生动。

这张不同寻常的账单一下子引起所有财务人员的注意，也引起了老板的重视，他看了后说："人家都流泪了，以最快的方式付给他吧。"

这张账单采取了与众不同的表达方式，它没有运用千篇一律的讨债方式，而是另辟蹊径，巧用一个"SOS"和一幅生动的图像，既表达了自己不得不要债的困境，又委婉而不失幽默地展示了自己的情趣。这样的讨债方式，不仅能够引起他人的重视，还能够博得他人的无限同情。可谓"一箭双雕"，令人拍案叫绝。

另外，需要注意的是，很多人在和别人幽默说理时，会不经意间触动了别人的"自尊"，从而火上浇油。如果我们能运用好"另辟蹊径"这个幽默招数，改变说话的方式，说话效果往往会完全不一样。

第
七
章

赞美幽默——情感投资有笑道

理解赞美，做到真正幽默

如果说赞美是一窗春日的天空，那么适当的幽默则是空中飘飞的纸鸢，更添生机；如果说赞美是一泓清净的泉水，那么适当的幽默则是水中嬉戏的游鱼，更添灵动；如果说赞美是一份真诚的礼物，那么适当的幽默则是外包装上美丽的蝴蝶结，翩跹起舞。

学习了什么是幽默的赞美、如何彰显出赞美的实质效用，才能够将幽默灵活并恰到好处地融入赞美的队伍。

那么，什么是幽默的赞美？爱因斯坦与卓别林的赞美则值得我们大家来领会幽默为"赞"带来的"美"。

爱因斯坦一直就很欣赏幽默大师查理·卓别林的表演以及喜剧作品。为了表示自己的喜爱与赞美，爱因斯坦在给卓别林的信中这样写道："你表演的电影《摩登时代》，一定会让你成为一个伟人的，因为你的表演让世界上的每一个人都能看懂。"

卓别林回信道："你才是更加令人敬佩的人，因为你已经成为一个伟人了，当世界上还没有人能读懂你的相对论的时候。"

爱因斯坦虽是个科学家，却也是个懂得幽默、富有生活情趣的人，他通过人们对《摩登时代》的感受来委婉地称赞了卓别林幽默表演的成功，也暗含了自己对卓别林由衷的钦佩之情。

查理·卓别林不愧是位幽默大师，面对爱因斯坦的称赞他心知肚明，面对爱因斯坦的幽默更是投之以桃，报之以李，同样从人们的角度幽默夸赞了爱因斯坦在相对论上的建树。

这就是幽默的赞美，幽默的赞美就像是春风吹过了一串铜铃，留给人们的是悦耳动听与清新。

宋代苏轼喜欢参禅，有一次在金山寺和佛印禅师一起打坐，苏轼觉得身心舒畅，于是问道："禅师，你看我的坐姿怎么样？"

禅师答道："很好，像一尊庄严的佛。"苏轼听了很高兴。

佛印禅师接着问苏轼："学士，你看我的坐姿怎么样？"

苏轼从来不放过嘲弄禅师的机会，马上回答说："像一堆牛粪！"佛印禅师听了也很高兴。

苏轼见将禅师比喻为牛粪，禅师竟无以为答，心中以为赢了

懂幽默的人跟任何人都聊得来
——你学会的幽默让全世界都欢迎你

这位夫人，你难道就能够预料到刚刚出生的孩子会有什么用处吗？

教授先生，你能解释一下，你给我们大家讲这些鬼东西到底有什么用吗？

有些人对于一些值得称赞的事情一窍不通，因为不懂，所以不会由衷地祝贺和赞美对方的成就，这是一件多么悲哀的事情。

真是会做饭的好老婆啊，照这样下去，估计我们附近的餐馆该关门大吉了。

在日常的生活与工作中，幽默赞美是一项受人追捧的口才技巧。幽默作为赞美口才中最大的闪光点，能够给人带来无比轻松的感觉。

总之，幽默是一个人能力的反映，懂幽默的人赞美水平也会很高。当然在生活中并不是人人都有幽默的口才，有些人赞美往往只会"赞"而不会"美"。

佛印禅师，于是赶紧回到家中，兴高采烈地对妹妹苏小妹说："哈，我今天终于赢了禅师。"

苏小妹问道："你怎么赢的？"

苏轼得意地叙述起刚才的事情。

苏小妹天资聪颖，听了苏轼的话之后，正色说："哥哥，你输了。佛家说，佛心自现，你看别人是什么，就表示你自己是什么。禅师的心中像佛，所以他看你像佛；而你心中像牛粪，所以你看禅师才像牛粪。"

苏轼哑然，这才知道自己禅功不及佛印禅师。

因此，心中如果有一片温暖的阳光，就会看到别人的闪亮点，会不由自主地去真诚赞美他人；而如果只能看到别人的灰暗处，极尽能事地去侮辱他人，只能说明你的心中藏有一颗黑子。

一味地贬损他人，其实是暴露了你内心的阴暗，同时也是在贬损你自己。真正的幽默赞美之道正在于此。

幽默意境，使人愉快接近

幽默是最具智慧的艺术之一，千百年来，一直颇受人们的青睐。人们之所以青睐幽默艺术，是因为人们喜爱笑，传统意义上的笑，就意味着快乐和高兴。那么在人际交往中，如何使用语言，利用幽默法来获得良好的沟通呢？

1. 用富于情趣的语言

当你将一种语体改变为另一种完全不同的语体风格来表达，

会让人忍俊不禁。用这样一种方式来赞美别人，会使对方在轻松愉悦之中欣然接受。

有一个男孩就是用这种新颖的赞美方式，射中了自己的白雪公主，并且娶其为妻。妻子幸福地诉说他们的浪漫爱情："当我在一所大学里做兼职的银行出纳员时，一个漂亮的小伙子几乎每天都要到我的窗口来。他不是存款就是取钱。直到他把一张纸条连同银行存折一起交给我时，我才明白他是为了我才这样做的。

"'亲爱的吉：我一直在储蓄这个想法，期望能得到利息。如果周五有空，你能把自己存在电影院里我旁边的那个座位上吗？我把你可能已另有约会的猜测记在账上了。如果真是这样，我将取出我的要求，把它安排在星期六。不论贴现率如何，做你的陪伴始终是十分愉快的。我想你不会认为这要求太过分吧，以后来同你核对。真诚的杰。'我无法抵制这诱人、新颖的求爱方式。"

小伙子没有俗套地说"你好漂亮"，而是颇为高明地说："不论贴现率如何，做你的陪伴始终是十分愉快的。"他将对方的行业词汇运用于谈情说爱中，绝妙生动地表达了他的赞意和爱恋。在交往中巧妙地运用这种富有情趣的幽默语言接近对方，会使你的沟通取得意想不到的效果。

2. 用善意的仿拟语言

在人际交往中，恰当地运用仿拟语言可以更好地帮助你沟通与交际对象的情感；可以把原本很生硬、很单调的赞美化为生动活泼、诙谐幽默的话语。

在朋友聚会中，每个人都要自我介绍。一次，有个叫"秦国生"的高个男孩也介绍了一下自己……他介绍完之后，是另一个女孩的自我介绍。女孩说："本人自觉渺小，姓肖，名晓，只好拜托诸位多加关照，特别是秦国生老兄，他堪称元老级人物，因为他的年纪是最大的。刚才仔细一算，他已经两千多岁了。他是秦始皇并吞六国时出生的呀！"

她将秦国生仿拟成了"秦始皇并吞六国时出生"，也就是将现成的字词及语句格式创造成新的字词及语句格式；出人意料地把毫不相干的事扯在一起，内容风马牛不相及，这就具有了幽默性，从而使双方的沟通变得轻松、愉快。

3. 用尊敬的类比语言

用类比幽默赞美他人，是把两种或两种以上互不相干的，彼此之间没有历史的或约定俗成联系的事物放在一起对照比较，虽然显得不伦不类，却含有赞美之意。

据说，拿破仑在歌剧院里看歌剧，见另一个包厢里坐着著名的作曲家罗西尼，就叫侍从请他过来。罗西尼赶紧来到拿破仑的包厢，跪下请罪道："皇帝陛下，我没有穿晚礼服来见您，请恕我大不敬。"拿破仑语出惊人："我的朋友，在皇帝与皇帝之间是不存在礼仪的！"

拿破仑将罗西尼也称为"皇帝"，并说"在皇帝与皇帝之间是

懂幽默的人跟任何人都聊得来
——你学会的幽默让全世界都欢迎你

不存在礼仪的"。这句幽默之语，是对罗西尼极高的赞赏，以致他有了"音乐皇帝"的尊称。

这种类比幽默，双方差异性越大，不协调性越强，越容易造成耐人寻味的幽默意境。

面对女人，男人这样赞美

人人都渴望被别人赞美，但男人和女人的需要是不同的，因此面对男人与女人不同的心理需求，在给他们奉上幽默的赞美时，不要忘记区别对待。

从心理学上讲，男人要面子好虚荣，多表现在追逐功名、显示能力、展示个性以显潇洒和能人之形象方面；而女人则表现在对容貌、衣着的刻意追求或身边伴个白马王子以示魅力方面。男人要面子好虚荣，他们对此毫不遮掩，有时甚至坦率得令人吃惊；而女子则总是遮遮掩掩、羞羞答答。女性对于面子、虚荣还有几分保留，而男子则是全力以赴去追求面子，好似他的人生目的就是追求面子一般。男人为了面子可以大动干戈，有权力的甚至可以轻则杀一儆百，重则发动战争；女人为了面子则会大喊大叫。男人的面子千万不要去伤害，否则便万事皆休一切都了——友谊中断、恋爱告吹、生意不成、职场不顺。针对以上特点，在奉上幽默赞美时要区分对象。特别是男人在赞美女人时需要掌握一定的技巧。

首先，作为男人更要会赞美女人，能够做到张口也赞闭口也赞。这样，你才能在女人面前受欢迎，使你魅力无穷。

一次，小蒙去银行取钱，人很多，年轻漂亮的女职员忙个不停，有点不耐烦，看起来她心情不是很好。小蒙很想跟她交谈，怎么开口呢？观察了一会儿，小蒙发现了女职员的优点。轮到他填取款单时，他边看她写字边称赞说："你的字写得真是漂亮，真是人见人爱，花见花开啊。"

女职员吃惊地抬起头，听到顾客幽默的称赞，她心情一下子好了很多，但又不好意思地说："哪里哪里，还差得远呢。"

小蒙认真地说："真的很好，看上去你像练过书法，我说得对吗？"

"是的。"

"我的字写得一塌糊涂，能把你用过的字帖借给我练练字吗？相信你的字帖上的灵气会让我大有长进的。"

女职员爽快地答应了，并约好了下午到办公室来取。一来二往，两人有了感情，并最终结成了良缘。

小蒙是个聪明的男人，欲夸其人先赞其字，一句"人见人爱，花见花开"就已经让女职员心里偷着美了。

男人赞美女人是对女人价值的肯定，更是对女人魅力的一种欣赏。在男人眼里，女人身上总有美丽动人之处，或者是皮肤细腻，或者是身材苗条，或者是眉目含情，或者是穿着得体。所以作为男人要善于去发现、去捕捉她的美。许多女人都会对自己的缺憾有所了解，但她们也十分了解自己的动人之处，只要你能慧

人际需求，给对方想要的赞美

口才界流行一个比较出色的赞美定律是赫洛定律，即给他最想要的一种赞美。所谓赫洛定律，是一种人际关系的需求理论，它强调满足对方的渴求，以此获得他人的认可与信任。

在我们的一生中，有无数让我们引以为豪的事情，这些东西又会不经意地在我们的言谈中流露出来，而且我们深深地渴望能够得到别人由衷的肯定与赞美。

恭维赞美的话要切合实际，到别人家里，与其乱捧一场，不如赞美房子布置得别出心裁，或欣赏墙壁上的一幅好画，或惊叹一个盆栽的精巧。

眼独具，赞美得体，你一定会博得她的赏识与青睐。

尤其是现代的女性更加注重个性，夸赞一个女人有个性已成为一种时尚。比如，执着、不拘小节、泼辣等性格也可以用有个性来赞美。只要是稍稍区别于大众的性格，你用"有个性"三字来赞她，无论是哪种女性，她都会觉得你这个人很有品位。

除此之外，生活中女人们的能力也值得一赞。日常家务，如烧饭做菜、收拾房间、照顾孩子等，这些虽是一些细小的事情，但却能表现出女人的动手能力、审美能力、教育能力。只要你在日常生活中不忘记对女性幽默地赞美一下，你定会得到她们一致的好评。

幽默赞美是女人生命中的阳光。男人也一样，他们一样喜欢听到他人对自己的肯定和赞美，因为这会让他们有一种价值感，并由此充满自信。

可以说，恰到好处的幽默赞美是打在男人身上的一针强心剂。

诱导赞美，解怨气的良药

很久以前，有一个宰相请一个理发师修面。理发师给这个宰相修到一半时，也许是过分紧张，不小心把他的眉毛刮掉了。哎呀，不得了了，他暗暗叫苦，顿时，惊恐万分，深知宰相如果怪罪下来，那可有杀头之罪呀！他情急智生，连忙停下剃刀，故意两眼直愣愣地看着宰相的肚皮，仿佛要把五脏六腑看个透。宰相见他这模样，有点丈二的和尚摸不着头脑，于是满腹迷惑地

126

问道：

"你不修面，却光看我的肚皮，这是为什么呢？"

理发师幽默地解释说："人们常说，宰相肚里能撑船，我看大人的肚皮并不大，怎能撑船呢？"

这个宰相一听理发师这么说，哈哈大笑："那是说宰相的气量最大，对一些小事情，都能容忍，从不计较的。"

理发师听到这话，"扑通"一声跪在地上，声泪俱下地说："小的该死，方才修面时不小心，将您的眉毛刮掉了，相爷气量大，请千万恕罪。"

宰相一听啼笑皆非：眉毛给刮掉了叫我今后怎么见人呢？不禁勃然大怒，正要发作，但又冷静一想：自己刚讲过宰相气量最大，怎能为这件小事给他治罪呢？

于是，宰相便豁达温和地说："无妨，且去把笔拿过来，再把眉毛画上就是了。"

这是一位聪明的理发师，他巧用幽默的赞美让自己逃过了一劫。如果没有理发师故弄玄虚看着宰相的肚皮，如果没有他借机赞美宰相肚里能撑船，又怎会让怒气横生的宰相突然转变发怒的态度呢？

聪明的理发师，运用了诱导式的幽默说话术，正所谓盛赞之下无怒气，赞美是消解别人怨气的良药。

一位贵族夫人傲慢地对法国作家莫泊桑说："你的小说没什么了不起，不过说真的，你的胡子倒十分好看，你为什么要留这么个大胡子呢？"

莫泊桑幽默地回答道："至少它能给那些对于文学一窍不通的人一个赞美我的机会。"

贵族夫人听到这话，一脸的傲慢与偏见顿时消失得无影无踪，莫泊桑的幽默让她不禁咯咯笑了起来，同时让她对莫泊桑这个人有了心理上的认同感。尽管贵族夫人的傲慢看起来很是无礼，但是幽默的力量在于对待怨恨的一视同仁，因此无礼在幽默面前显得卑微。

适度称赞，沟通的催化剂

用适度的幽默赞美语言与人沟通，可以尽快促成他人与自己关系的升温。适度的幽默赞美是成功沟通的催化剂，只要细心观察，你就可以把对方的外表、穿着、服饰、品位、谈吐、内在的修为、学识、工作的态度、精神、毅力等作为重点。还可以就当时所处的环境，包括办公室摆设，有纪念性的物品，对方的收藏、喜好、最近得奖或你无意中得知的事迹，甚至相约在其他场合如餐厅等，都可以就对方的选择，找出特色，予以幽默赞美。

幽默赞美需要发自内心，而表达于口中及眼眸，我们随时可以找出特色赞美一个人，然而，若非发自内心，你的眼中呈出的"不真"，马上会被识破；如果你不是真正认同，宁可不说半句，只点头微笑，反而更为得体。幽默赞美是忌讳"过犹不及"

懂幽默的人跟任何人都聊得来
——你学会的幽默让全世界都喜欢你

真诚赞美，幽默的必要元素

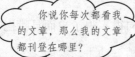

你说你每次都看我的文章，那么我的文章都刊登在哪里？

不真诚的赞扬，给人一种虚情假意的印象，或者会被认为怀有某种不良目的，被赞扬者不但不会高兴，反而会讨厌。

小姐，您真苗条。

什么？说我苗条，我知道你是在骂我。

根据心理学和组织行为学的研究，赞扬他人是一种能力，这也是职场上的一种能力。真实的赞扬是拂面清风，凉爽怡人；虚假的赞扬像给人吃大块的肥肉，会让人烦腻不堪。

幽默的赞美，需要真诚的表达。任凭你对一个人的赞美有多有趣、有多口吐莲花，如果脱离实际，让别人明显地听出这是浮夸之词，那么幽默的赞美将成为毫无内在可言的滑稽之词了。

的，在沟通交谈中，如果每次见到一个人，老盯着同一件事猛献殷勤，也会叫人受不了。

于明明手下曾有一位女性员工，外向得不得了，而且嘴巴很甜，而于明明爱漂亮，又会搭配衣服，稍一动手，就能"变"出很多套衣服。而那位甜姐儿，却是于明明的苦恼之一，因为，每天早上她一到公司，对方的眼睛就盯着她转："经理，又买了一套新衣服对不对？颜色好漂亮喔，穿在您身上就是不一样。"隔天一见面，又来了："看看看，又一套了，很贵？还有项链、耳环，也是新的吧？我就缺这个本事，不会搭，像您……"有时，她会对着客户"恭维"她的经理，说辞几乎都是："在我们经理英明的带领之下，我才有今天的成绩，好多人都问我跟我们经理多久了，其实也没多久啦，但是她大人大度，肯教我嘛，对不对？"

于明明被她的过分"恭维"及不真诚的眼神弄烦了，只好告诉她："不是你没看过的就是新衣服，我的衣服有的已买了五六年了，只是保养得好，配来配去就不一样啦，你一嚷嚷，人家以为我多浪费，怎么天天买新衣，以后请别再说我的衣服啦。"而当她得知这位甜姐儿在她面前说得甜如蜜，背后却对客户中伤她时，她一点也不惊奇，因为她早从她的"过度恭维"中观出"玄机"了。

张艺谋做人很随和，做导演却极富个性，说话也富有幽默。对其同班同学另一位名导演陈凯歌，他的评价如下："凯歌是个很出色的导演，我跟凯歌的特点在于：我们都保持自己的个性。这个个性你可以不喜欢、不欣赏，但凯歌从不妥协，他保持他的个性。而中国这样的导演很少。"

赞美可以让人心情愉悦，让人充满自信与乐观的生活态度。适度的幽默赞美就像香水一样，让人容易接受并乐享其中。

出乎意料，让人喜出望外

赞美既然是幽默的，那么赞美的话语就应该是出乎意料的，出乎意料不仅仅是辩论幽默、处世幽默等交流场合的必杀技，也是幽默赞美的特质之一。

一些人在公共场合赞美别人的时候，自己不知道怎样赞美，只能跟着别人重复，附和别人的赞美。常言道：别人嚼过的肉不香。

朱温手下有一批鹦鹉学舌拍马的人。一次，朱温与众宾客在大柳树下小憩，独自说了句："柳树好大。"宾客为了讨好他，纷纷互相赞叹："柳树好大。"朱温听了觉得好笑，又道："柳树好大，可做车头。"实际上柳木是不能做车头的，但还是有五六个人互相附和："可做车头。"朱温对这些鹦鹉学舌的人烦透了，厉声说："柳树岂可做车头？"于是把说"可做车头"的人抓起来杀了。

在整日聚首的人际关系中，一家人之间或一个科室的同事之间，有些赞美很可能会多次重复，已经形成某种习惯，这就没什么意义和作用了，比如，某个处长每次开会总结工作的时候，都像例行公事一样对大家赞扬几句，其内容和说法总是笼统的那么几句话，就像是同一张唱片或同一盘录音带只是在不同的时间播放一样，让人感觉乏味。

为赞美加一点新意，鼓励作用会更大。

汤姆是一家公司的销售部经理，他采用新的营销战术，于是在他加入公司两个月后，公司的销售量大增，仓库中积压的产品一售而空。老板非常高兴，拍着汤姆的肩膀说："你干得非常出色，继续努力。"

"好，"汤姆机智地说，"但你为什么不把你说赞美的话放在我装薪水的口袋里呢？"

"一定会的，年轻人。"

老板非常遵守诺言。当下个月汤姆领到薪水袋时，发现里面附着一张小纸条。上面写着："你干得非常出色，继续努力，表现更好。"

正如有人所说："一点新意，一片天空"，这样的幽默赞美之术会更趋完美。赞扬要有新意，当然要独具慧眼，善于发现一般人很少发现的"闪光点"和"兴趣点"，即使你一时还没有发现更新的东西，也可以在表达的角度上有所变化和创新。对一位公司经理，你最好不要称赞他如何经营有方，因为这种话他听得多了，已经成了毫无新意的客套了；倘若你称赞他目光炯炯有神、潇洒大方，他反而会被感动。

与众不同的赞美最中听

在人际关系中，一家人之间或一个科室的同事之间，有些赞美很可能多次重复，已经形成某种习惯了，这就没什么意义和作用。

老板，您走路的时候真是风度翩翩呢！

小伙子，还很少有人夸我的走路姿势呢。

正如有人所说："一点新意，一片天空"，赞扬要有新意，当然要独具慧眼，善于发现一般人很少看到的"闪光点"和"兴趣点"。

幽默赞美是所有声音中最甜蜜的一种，它应该给人一种美的感受。新颖的语言，趣味的表达，是有魅力和吸引力的。即使简单的赞扬也可能是振奋人心的，但是一种本来是不错的赞扬如果多次单调重复，也会显得平淡无味，甚至令人厌烦。一个女人曾说过，她对别人反复告诉她，说她长得很漂亮，已经感到很厌烦，但是当有人告诉她，像她这样气质不凡的女人应该去演电影，她笑了。

新颖的赞语，给人清爽、舒心之感。毛阿敏在哈尔滨演出时，《当代大舞台》的节目主持人是如此将她介绍给观众的：

主持人："请问毛阿敏小姐，您是从哪里来的？"

毛阿敏："哦，我从北京来。"

主持人："您像一只美丽的蝴蝶给冰城哈尔滨带来了欢乐，请问这次能停留几日呢？"

毛阿敏："五日。"

主持人："我们冰城的朋友热烈欢迎您的到来，但愿您与《当代大舞台》永不分手。"

主持人巧借毛阿敏的成名歌曲《思念》来向她发问，亲切而诙谐，同时也激起了演唱者与观众的热情，营造了良好的舞台气氛。

如果主持人只说公式化的套词，那么，观众觉得乏味，毛阿敏也可能会腻味。妙语连珠的赞美，既能显示赞美者的才能，也能使被赞美者更快乐地接受。只要你多琢磨，多运用，你的赞语就会更新颖，更易打动人心。

幽默赞美的新意很重要，但更需要我们综合各方面的因素来翻出恰当的"新"意，否则便会弄巧成拙，适得其反。马克·吐温曾经说过："一句幽默的赞美能当我十天的口粮。"我们每天都让新鲜的赞美流入他人的生活中，那么彼此的生活就会更加快乐。

适时赞美，让沟通更容易

幽默的赞美应当符合时间的要求，在合适的时间却说出了不合适的赞美，即使幽默也不会带给大家真正的欢娱，反而会引起人们的厌恶。

另外，恭维和赞美绝不同于巴结讨好、阿谀奉承。恭维和赞美是为了协调人际关系，表达自己对别人的尊重，以增进了解和友谊，更重要的是交上朋友好沟通。幽默的恭维与赞美对公关的沟通工作至关重要，幽默的谈吐会提升公关的气质与内涵，提升公司的形象。

每个人都希望得到别人的赞美，每个人都对别人有一份期待，希望得到尊重，希望自己得到肯定，这就需要得到别人恰如其分的幽默恭维和赞美。

（1）初次见面，适当的幽默恭维是有礼貌、有教养的表现。幽默不仅可以获人好感，而且还可以和对方在心理上、情感上靠拢，缩短彼此之间的距离。

1987年4月底，欧阳奋强到香港参加电视剧《红楼梦》首映式，他是饰演贾宝玉的演员。欧阳奋强一踏进机场休息室，亚洲电视台名演员方国姗就挤到他身边，热情地说："你是欧阳奋强吗？我叫方国姗。他们都说我长得像你。""方小姐比我长得漂亮多了。"欧阳奋强说。亚视艺员领班高先生风趣地说："方小姐可是香港的贾宝玉呀。"

这番相互赞美的话十分自然贴切，使气氛十分热烈而和谐。言辞会反映一个人的心理，轻率的说话态度会让对方产生不快的感觉。因此，幽默赞美不要太离谱，以免别人觉得你虚伪。

（2）把对方美化成道德上的"完人"。幽默赞美可以是多方面的，通常你把对方说成是道德上的完人比称赞他的衣饰得体更有效果。

例如，有一个儿子想求母亲为他买一条牛仔裤，但儿子怕遭到母亲的拒绝，因为他已经有一条牛仔裤了。于是，儿子采用了一种独特的幽默方式，他没有像其他孩子那样苦苦哀求或撒泼耍赖，而是一本正经地对母亲说："妈妈，你是世界上最好的妈妈，你见没见过一个孩子，他只有一条牛仔裤？"

这颇为天真而略带计谋的问话，一下子打动了母亲。过后，这位母亲谈起这事，说出了自己当时的感受："儿子的话让我觉得若不答应他的要求，简直有点对不起他，哪怕在自己身上少花点，也不能委屈了孩子。"

一个小孩子，以一句反问话就说服了母亲，满足了自己的需

恰当赞美，让你深受其爱

赞美是人人都乐意领受的礼物。赞美如同冬日阳光，总是能在寒冷中给人带去一丝暖意。而如果能在赞美的时候加入幽默调味，便能让我们的赞美自然地流露，更能让对方感觉到沁人心脾的诚意，平淡的生活也便平添些许甜美的滋味了。

你本身就没有多少财产，还说为了我，把你所有的财产都置于我的足下。

您说得太对了。可与您娇小的玉足比起来，它们就显得很多了。

赞美是一种有效的技巧，而幽默的使用能在很短时间内拉近彼此之间的距离，消除戒备的心理隔阂。如果懂得说一点暗带幽默的"花言巧语"，那么，获得她的芳心也未见得很难了。

将军，您居功至伟却最不喜欢他人的阿谀奉承，您真是正义之士，我们都应该向您学习啊。

爱听赞美的话是人的天性，但是赞美要有一个度。赞美不是虚伪的浮夸，更不是溜须拍马的花言巧语，而是要真正地去发现他人身上的闪光点。

要，他让母亲觉得自己的要求是合情合理的，而不是过分的，何况儿子在提要求之前已经以赞美之词获得了妈妈的欢心。

因此，在说服自己亲人时，可以适时撒娇，适时夸赞，以取得说服的最佳效果。

第八章

拒绝幽默——诙谐中保全你我情面

巧言妙语，智慧的拒绝

自尊之心，是每一个人都具有的。因此在拒绝别人时，要顾及对方的尊严。

如果能在拒绝他人的过程中将对方逗笑，那对方的难堪一定能减到最低程度，甚至让人在笑声中忘掉被拒绝带来的不快。因此，拒绝他人，不妨采取幽默拒绝的技巧，这样，就可以把拒绝带来的遗憾最小化，既不伤害对方的自尊与感情，又得到了对方的谅解和支持。

雨果成名后，一张张请帖雪片似地飞来，怎么办？直接拒绝显得没有礼貌，于是他想出了个好办法：拿起剪刀，咔嚓咔嚓，把自己的半边头发和胡子剪掉。当有人敲门进来说"请您参加……"时，雨果笑嘻嘻地指着自己的头发和胡子说："哟，我的头发真不雅观，真遗憾！"邀请者只好悻悻而走，却又因此情此境而大大消除了被谢绝引起的不悦。当雨果的头发长齐后，又一部巨著问世了。

即使是同样性质的谢绝，大家也没必要东施效颦地去学雨果剃"阴阳头"的做法。然而，故事给我们的启迪在于：任何拒绝，一般都不会令人愉快，为此，我们就要想方设法使用幽默诙谐的手法，将对方这种不悦心情降低到最小。

有一次，林肯受邀在某个报纸编辑大会上发言，林肯觉得自己不是编辑，却出席这次会议，很不相称。所以，想拒绝出席。他是怎样做的呢？

他给大家讲了一个小故事："有一次，我在森林中遇到了一个骑马的妇女，我停下来让路，可是她也停了下来，目不转睛地盯着我的脸看了很长时间。她说：'我现在才相信你是我见到过的最丑的人。'我说：'你大概讲对了，但是我又有什么办法呢？'她说：'当然你生就这副丑相是没有办法改变的，但你还是可以待在家里不要出来嘛。'"大家为林肯的幽默哑然失笑了。

林肯借妇女之口，把自己奚落了一番，当然，故事中的妇女很可能不存在，只是林肯的编造之词，然而"她"却很好地表达了林肯不想参加报纸编辑大会的意思，让人在开怀一笑中忘却了

懂幽默的人跟任何人都聊得来
——你学会的幽默让全世界都欢迎你

被拒绝的尴尬。

　　某市要举办一次歌手比赛，一个社会声誉不太好又根本不懂艺术的民营企业家找到大会主持人说："我赞助 1 万元，你安排我当个评委怎样？"

幽默地逐客

　　以热代冷的幽默逐客法。用热情的语言、周到的招待代替冷若冰霜的表情，使好闲聊者在"非常热情"的主人面前感到今后不好意思多登门。

　　以攻代守的幽默逐客法。用主动出击的姿态堵住好闲聊者登门来访之路。先了解对方会几点到你家，不妨在他来访前的一刻钟先"杀"到他家去。

大会主持人拍一拍对方的肩膀说："老兄，你钱多得没处花了吗？这1万元扔在这个会上，不如扔到河里，还能看到个水漂儿。"

这是在对方提出要求后，机智地以诙谐幽默、玩笑打诨的话语作为遮掩，避开对实质性问题的回答，巧妙地拒绝了对方提出的要求。

在拒绝别人时，采用幽默的方式往往能使对方对己方的委婉回绝心领神会，从而避免了尴尬。

诙谐言语，婉言拒绝

凡有大成就者，向来都是舌吐方圆的专家，他们不仅仅专长于自己的一份事业，而且在待人接物上有着独到的迂回之术，他们能够在让人发笑的过程中不知不觉加入自己的观点。

有些事直接发表自己的见解不太合适，容易让人误解或不愉快，婉言曲说是很好的方法，而且这种婉言曲说不同于修辞格里的委婉修辞方法，它是形成幽默的一种语言艺术。

婉言拒绝的幽默方法主要有下面几种：

1. 一语双关的委婉拒绝法

一语双关是幽默技法中很常用的一种说话方式，无论是在化解尴尬、缓和气氛，还是在对他人的拒绝中，都能够起到扭转乾坤的作用。其中，一语双关的说话方法，可以让拒绝变得钝感且有力。

懂幽默的人跟任何人都聊得来
——你学会的幽默让全世界都欢迎你

王麻子是个极爱占小便宜的人，常常在别人家白吃白喝，吃完了上顿等下顿，住了两天住三天。一次，他在一朋友家里吃了三天后，问主人道："今天弄什么好吃的呀？"

主人想了想，说："今天我们弄麻雀肉吃吧！"

"哪来那么多麻雀肉呢？"

主人说："先撒些稻谷在晒场上，趁麻雀来吃时，就用牛拉上石磨一碾，不就得了吗？"

这个爱占便宜的人连连摇手说："这个办法不行，还不等石磨过来，麻雀早就飞跑了。"

主人一语双关地说："麻雀是占惯了便宜的，只要有了好吃的，怎么碾（撵）也碾（撵）不走。"

聪明的主人在这里通过委婉的一语双关法，巧妙地借助麻雀贪吃的习性讽刺了王麻子的品行。虽表面上在说麻雀，实质上是在委婉地向王麻子下逐客令。

2. 婉言曲说的幽默法

现在我们谈论的"婉言曲说"的幽默法，可以说是"婉曲"的变格，它是说话人故意把所要表达的意思绕个圈子曲折地说出来，利用婉言来获得幽默的效果。

克诺先生来到一个陌生的城市，走进一家小旅馆，他想在那儿过夜。

"一个单间带供应早餐要多少钱？"他问旅馆老板。

"不同房间有不同的价格，二楼房间15马克一天，三楼房间

慢点说"是"，笑着说"不"

> 孩子，这首名曲叫《悼念公主的孔雀舞曲》，你弹的节奏太慢了，你要注意，悼念的是公主，而不是孔雀。这是孔雀舞曲，要弹出美丽的孔雀翩翩起舞的英姿。

比林定律指出，人的一生几乎有一半的麻烦是由于太快地说"是"、太慢地说"不"造成的。幽默是为了让拒绝、批评在幽默的掩护下说出得更快一些。

> 哦，我知道你是在拒绝我。

> 你知道吗？我特别喜欢吃冰淇淋，尤其是香草味道的。男人就像各种口味的冰淇淋，因为每个人喜爱的口味不同，在我眼中你是草莓味的冰淇淋。

在与人交往中，要懂得拒绝的艺术，考虑问题不能急躁，也不能急慢。觉得自己无法做到的事情，就要明确而快速地告诉对方，以免给自己造成不必要的麻烦。

一般人都不太好意思拒绝别人，但在很多情况下，我们为了避免不必要的困扰，对一些不合理或不合自己心意的事有必要拒绝，但怎样既不伤害对方自尊心又能达到拒绝的目的呢？慢点说"是"，笑着说"不"，将会是屡试不爽的好方法。

144

12 马克一天，四楼 10 马克，五楼只要 7 马克。"

克诺先生考虑了几分钟，然后提起箱子就走。

"您觉得价格太高了吗？"老板问。

"不，"克诺回答，"是您的房子还不够高。"

从克诺先生的表达中明显看得出克诺对房间的价格并不满意，一句"还不够高"既指出了房子按照高度定价的荒谬，又表示了自己不会接受的看法，幽默却含意深刻。

一般说来，幽默应避免敌意和冲突，否则，幽默就会被减弱或者消亡。从这个意义上讲，婉言曲说最适合构成幽默。

一个法国出版商想得到著名作家的赞扬，借以抬高自己的身价。他想，要得到一个大人物的好感，必须先赞扬他。

这天，他去拜访一位知名作家。他看到作家的书桌上正摊着一篇评论巴尔扎克小说的文章，便说："啊，先生，您又在评论巴尔扎克了。的确，多少年来，真正懂得巴尔扎克作品的人太少了，算来算去，也只有两个。"

作家一听就明白了出版商的意图，便让他继续说下去。"这两个人，其中一个是您了。可是还有一个呢？您说，他应当是谁？"

作家说："那当然是巴尔扎克自己了。"

出版商顿时像泄了气的气球，悻悻地走了。

出版商想求得知名作家的赞扬，于是登门拜访。作家呢，不好直接拒绝，就来了个婉言曲说。出版商把世间懂巴尔扎克作品的人确定为两个，一个，他自然要送给作家了；另一个，他是给自己预备的。但自己说出来，那太没涵养，况且自己认可的东西并不一定能得到作家的赞同，还是启发作家说出来吧。由此，出版商一直沿着自己的设计和思路，准备着一种情感——他期待着作家的赞扬，让作家指出他是懂巴尔扎克作品的人。

作家并不回绝对方的话，因为那太扫人兴了。但是他有意漠视对方的"话外音"，一句回答，让对方的期待落空，作家说的是，另一个懂巴尔扎克的人是巴尔扎克自己。于是双方没戏唱了，只好散场。

幽默是一种高超的语言艺术，这种艺术是在婉言曲说中产生的。说话直接的人不可能创造出幽默来。按部就班，一是一，二是二，实说实，虚说虚，没有任何的发挥就不可能碰撞出幽默的火花。

逻辑拒绝，巧踢回球

在交际过程中，当自己处于不利态势时，为了寻找转机，加强己方的立场，也需要找借口拒绝对方。这时，如果你能灵活机智地用对方的话来拒绝对方，就能使对方不再坚持，从而达到自己拒绝对方的目的。这就是运用逻辑幽默进行拒绝的巧妙方法。

有一次，萧伯纳的脊椎骨出了毛病，需从脚上取一块骨头来补脊椎的缺损。手术做完后，医生想多捞一点手术费，便说：

"萧伯纳先生，这是我们从来没有做过的新手术啊！"

萧伯纳当然听出了医生的言外之意，但向病人收取额外的手术费，显然是不合规定的，萧伯纳不愿意再给医生"塞包"，但又不便明确拒绝，便装傻卖愚地顺着另一层意思说下去："这好极了！请问你们打算支付我多少试验费呢？"

医生顿时窘住了，只好讪讪离开。萧伯纳的逻辑是：既然你要强调这是从来没有做过的新手术，那我的身体便变成试验品了！萧伯纳合理地从对方的话里引出了一个合乎逻辑的相反结论，巧踢"回传球"，让对方哑巴吃黄连——有苦说不出。萧伯纳正是在拒绝中绝妙地应用了幽默的逻辑。

有很多问题，我们还可以巧妙地把对方设置在同样的情景，以此来引诱对方做出判断，从而让对方明白自己的处境或意思，巧妙地拒绝对方的要求。历史上的艾森豪威尔将军就是一位擅长运用逻辑幽默的人。

有一次，一个人问艾森豪威尔将军一个有关军事机密的问题，艾森豪威尔将军做耳语状说："这是一个机密问题，你能替我保密吗？"于是那个人就连忙说道："我一定能！"艾森豪威尔将军则回答道："那我同样也能！"

同理，小李从一个朋友那里借了一架照相机，他一边走一边摆弄着，这时刚好小赵迎面走来了。他知道小赵有个毛病：见了熟人有好玩的东西，非得借去玩几天不可。这次看见了小李手中的照相机又非借不可了。尽管小李百般说明情况，小赵依然不肯放过。

小李灵机一动，故作姿态地说："好吧，我可以借给你，不过我要你不要借给别人，你做得到吗？"小赵一听，正合自己的意思。他连忙说："当然，当然。我一定做到。绝不失信。"小赵还追加一句说，"绝不失信，失信还能叫做人？"小李斩钉截铁地说："我也不能失信，因为我也答应过别人，这个照相机绝不外借。"听到这儿，小赵目瞪口呆，这件事就这样算了。

通过设问，抛砖引玉，以对方的回答来作为拒绝的依据，使对方就此作罢。因为人不可以出尔反尔，自我推翻。小李幽默的逻辑思维加上机智的口才辩解，把小赵绕进了他自己的言辞陷阱，让自己的拒绝变得笑中带力。

在寻求拒绝的技巧过程中，要知道，拒绝对方的最有力武器，往往是对方自身。我们应该学会引导对方的谈话，从对方口中获取自己拒绝对方的理由。

通过暗示，善于说"不"

很多时候，我们不得不拒绝别人，但是怎样将这个难说的"不"说出口呢？幽默性的暗示，是一种不错的选择。

美国出版家赫斯脱在旧金山办第一家报纸时，著名漫画大师纳斯特为该报创作了一幅漫画，内容是唤起公众舆论来迫使电车公司在电车前面装上保险栏杆，防止意外伤人。然而，纳斯特的这幅漫画完全是失败之作，发表这幅漫画，有损报纸质量，但不刊登这幅画，怎么向纳斯特开口呢？

当天晚上，赫斯脱邀请纳斯特共进晚餐，先对这幅漫画大加赞赏，然后一边喝酒，一边唠叨不休地自言自语："唉，这里的电车已经伤了好多孩子，多可怜的孩子，这些电车，这些司机简直不像话……这些司机真像魔鬼，瞪着大眼睛，专门搜索着在街上玩的孩子，一见到孩子们就不顾一切地冲上去……"听到这里，纳斯特从座椅上弹跳起来，大声喊道："我的上帝，赫斯脱先生，这才是一幅出色的漫画，我原来寄给你的那幅漫画，请扔入纸篓。"随后两人在笑声中完满结束了愉快的晚餐。

赫斯脱就是通过自言自语的方式，幽默地暗示纳斯特的漫画不能发表，让纳斯特欣然地接受了意见。

另外，通过身体动作也可以把自己拒绝的意图传递给对方。当一个人想拒绝对方继续交谈时，可以机灵、幽默地做转动脖子，用手帕拭眼睛，按太阳穴以及按眉毛下部等漫不经心的小动作。这些动作传达着一种信号：我较为疲劳、身体不适，希望早一点停止谈话。显然，这是一种暗示拒绝的方法。此外，微笑的中断、较长时间的沉默、目光旁视等也可表示对谈话不感兴趣、内心为难等心理。

例如，一天，为了配合下午的访问行程，小王想把甲公司的访问在中午以前结束，然后依计划，下午第一个目标要到乙公司拜访。但是，甲公司的科长提出了邀请："你看到中午了，一起吃中饭吧？"

小王与甲公司这位科长平常交情不错，又是非常重要的客户，不能轻易地拒绝。但是，和这位爱聊天的科长一起吃中饭，最快也要磨蹭到下午 1 点才能走。小王怎样才能不伤和气地拒绝呢？

答案就是，在对方表示"要不要一起吃饭"之前，小王就不经意地用身体语言表示出匆忙的样子，可以自然地抬起手看看手表，幽默地解释道："多希望手表上的时间是归我所有啊，那就能够分身了。"

学会巧妙地用暗示的方法拒绝别人，让对方明白你在说"不"，不仅能把事情办妥，而且不伤和气。

如何对领导说"不"

即使领导所说的话有违道理，你也不要断然地驳斥，最好能够间接地指出领导的不是，这才能给领导留面子。

科长，按照你的工作效率，当你把这份报告批下来时，我和儿子的年龄就都够了。

别人都说你聪明，你怎么糊涂起来了？你才40多岁，你儿子才7岁，怎么打起退休离职报告来了？

在拐弯抹角的夸张中反驳了领导的嘲笑，制造了笑料，让领导在保留面子的同时会感觉到舒心。

通常情况下，人们对自己提出的要求，总是念念不忘。但如果长时间得不到回音，就会认为对方不重视自己的问题，反感、不满由此而生。

婉转拒绝，优化社交

断然拒绝别人可以显得一个人不拖泥带水，但对遭到拒绝的人来说，却是很不够义气的。聪明人则会婉转处理，不直接说出拒绝的话，而让对方明白其意思。1799 年，年轻的拿破仑·波拿巴将军在意大利战场取得全胜凯旋。从此，他在巴黎社交界身价倍增。也成为众多贵妇追逐青睐的对象。

然而，拿破仑对此却并不热衷。可是，总有一些人硬是紧追不放，纠缠不休。当时的才女、文学家斯达尔夫人，几个月一直在给拿破仑写信，想结识这位风云人物。在一次舞会上，斯达尔夫人头上缠着宽大的包头布，手上拿着桂枝，穿过人群，迎着拿破仑走来。拿破仑躲避不及。于是，斯达尔夫人把一束桂枝送给拿破仑，拿破仑说道："应该把桂枝留给缪斯。"

然而，斯达尔夫人认为这只是一句俏皮语，并不感到尴尬。她继续有话没话地与拿破仑纠缠，拿破仑出于礼貌也不好生硬地中断谈话。

"将军，您最喜欢的女人是谁呢？"

"是我的妻子。"

"这太简单了，您最器重的女人是谁呢？"

"是最会料理家务的女人。"

"这我想到了，那么，您认为谁是女中豪杰呢？"

"是孩子生得最多的女人，夫人。"

他们这样一问一答，拿破仑在幽默的回答中也达到了拒绝的目的。斯达尔夫人也知道了拿破仑并不喜欢自己，于是作罢。

小王毕业以后分到一个小公司打杂，开始很失意，成天和一帮哥们儿喝酒、打牌。后来逐渐醒悟过来，开始报名参加职业等级考试。

有一天晚上，他正在埋头苦读，突然一个电话打过来叫他去某哥们儿家集合，一问才知道他们"三缺一"。小王不好意思讲大道理来拒绝他们的要求，也不想再像以前一样没日没夜地玩了，便回答说："哎呀，哥们儿，我的酸手艺你们还不清楚啊，你们成心让我'进贡'嘛，我这个月的工资已经见光了。"一阵哄笑后，对方也不好强求，后来他们都知道小王另有他事，也就不再打扰了。

小王面对自己不愿意参与的交际，先诚恳地表示了自己的"笨拙"，即自己不擅长打麻将，并幽默地说自己的手艺酸，言外之意自己去了的话怕会是影响大家玩麻将的兴致。小王的拒绝艺术在于，懂得用自己的语言委婉处理。

委婉的幽默拒绝口才修炼：

（1）"装聋作哑"。对于你不想回答的问题，或者无论怎么回答都对你不利的问题，你可以佯装没听见，糊涂带过。

（2）答非所问，故意曲解问题的方向，说一些无关重要的话，甚至可以把话题转移到无关紧要的问题上。

（3）在对方还没有说出口，或者话还没有说完的时候，即做出错答，也是一种很好的拒绝技巧。这样是因为如果等对方把话

全说出，就难以拒绝了。因此，在别人把话说完以前，先考虑到对方要说什么，在他的话未说完时，就迅速按另外的方向思路作答，可以使问者领悟，改谈别的话题免于因说破造成的尴尬局面和一些不愉快的后果。

幽默拒绝，化解尴尬

在人际交往中，我们总有被人拒绝或拒绝别人的时候。拒绝表述总难离一个"不"字，而这个"不"字又往往最不好说出口。

周末我们去钓鱼，你去不去？

其实我是个钓鱼迷，很想去的。可成家以后，周末就经常被"没收"啊。

敢于说"不"，诚然不易，而善于说"不"，则更加难得。所以给"拒绝"找一个适当的方式，幽默是拒绝的最好方法。

当然，坦白直率地拒绝或严词拒绝也未尝不可，但这样往往使对方产生不快，认为你不近人情。既要把"不"字说出口，又能得到对方的宽容和体谅，和他人保持良好的人际关系，实非易事。

巧妙拒绝，让他知难而退

约会是男女开始真正意义上的恋爱的标志，所以，接受别人的约会请求也意味着接受别人的求爱。对于不愿意接受的示爱者，我们首先应该拒绝与其约会，不能因为一时心软而使对方误会，导致真正明确两人关系时牵扯不清，给对方造成更大的伤害。拒绝约会应该有"快刀斩乱麻"的魄力，因为这不仅仅代表对一次约会的推搪，而且暗示着自己对对方的爱情的谢绝，这就要求我们一方面要把握说话的分寸，不伤害对方的感情，另一方面要表明心意，断绝对方再次邀请的念头。

找各种各样的幽默借口来推搪约会，使对方体会到拒绝之意。

上课、加班、身体欠安、天气不好……这些都可以成为拒绝约会的好借口。在搬出这些借口的同时，可以有意地露出破绽，让对方从借口的不严密性中明白是在有意敷衍。此外，也可以以幽默的方式暗示自己确实不愿意与对方交往。总之，借口不能找得太严密、太合乎情理，不要让对方误认为是客观原因导致不能赴约，从而把约会的时间推至以后，令自己再次处于被动局面。

曾经，有一位热情的小伙子向一位美丽的姑娘表达了自己的爱慕之情，但是这位美丽的姑娘并不喜欢这位小伙子。

在小伙子真情告白完之后，姑娘问道："你真的很喜欢我吗？"

小伙子说："当然了，我保证自己是真的喜欢你，我对天发誓……"

姑娘问："那你有什么证据可以证明你爱我呢？"

小伙子热切地说："我的心，我这颗真诚的心可以证明。"

姑娘笑笑，说道："呵呵，真的很对不起，你是唯'心'主义者，而我是典型的唯'物'主义者啊。唯心主义者和唯物主义者怎么能够在一起呢？"

姑娘明明知道小伙子说的"真诚的心"是和哲学名词不同的，但是姑娘机智地将小伙子的那颗"真诚的心"说成了是唯心主义，然后通过自己的唯物主义思想立场，将拒绝巧妙委婉、幽

灵活拒绝，学会化解为难

在生活和工作中，我们要学会幽默地拒绝，巧妙地说"不"。

请您去电视台发表讲话，每分钟1000美元的酬金。

噢，基金会最近寄给我面值1500美元的支票，我倒挺喜欢的。不过，我把它当作书签用，后来它连同那本书一起丢失了。

在工作和生活中经常会遇到令自己为难的事情，巧妙的拒绝，可以搏得他人的理解，不会伤和气，而一口回绝则会让自己处于尴尬之中。

拒绝对于幽默的人而言轻而易举。不论你现在说"不"的语气或态度如何，你可以学习更有效率、更温暖的方式。即使你在困扰之中，仍能幽默地说"不"，而且不会失去友谊。

默地表达了出来。

在这则恋爱拒绝案例中，我们可以发现拒绝的言谈在一种因素的加入下会更容易让人接纳，那就是幽默。无论是义正词严地拒绝还是委婉地拒绝，拒绝者都是巧妙地从对方的话语里找到拒绝的理由来源。拒绝者的聪明之处就在于这里，即使我拒绝了你，那也是因为你的表现不够充分。

能够得到别人的爱是一种魅力，能够巧妙地拒绝一份自己不情愿的爱更是一种魅力。在拒绝时，如果加入幽默的推辞，就会使自己的拒绝更加容易被对方接受。

遭到拒绝，保持好风度

当我们与别人谈话时，总是希望能得到肯定的回答，但正如俗话所说的"好事多磨"，开始时往往会遭到他人的拒绝。遭受拒绝，不同的人有不同的解决方式：有的人会愤慨地抱怨说"有什么了不起的"，有的人甚至会表现出一副要揍人的样子，而有的人会面对笑容，淡定离去，这样的人才是真正的智者。在面对拒绝的时候，保持好自己的风度，这是幽默的接受拒绝之道。

当然，遭到拒绝要保持风度，并不一定必须以平静与微笑来面对拒绝你的人，当遭受到恶意的拒绝的时候，我们需要通过智慧的幽默口才为自己赢得风度。

一个富翁请一位画家为他画肖像。画家精心地为富翁画好了肖像，但富翁却拒绝支付议定的5000元报酬，理由是"你画的根本不是我"。不久，画家把这幅肖像公开展览，题名为《贼》。富翁知道后，万分恼怒，打电话向画家抗议。

"这事与你有什么关系？"画家平静地说，"你不是说过了吗？那幅画画的根本就不是你！"

最后，富翁不得不买下这幅画。

面对恶意拒绝，画家没有冤冤相报，他只是冷静地找到了对方的要害，以幽默的处世姿态让对方就范。画家从富翁的言辞中，找到了解决问题的出口。既然富翁自己都说画家画的根本就不像他，那么画家也就可以随意处理这幅画了。面对富翁的质问，画家一句"你不是说过了吗？那幅画画的根本就不是你"，让富翁自取其辱。

另外，面对拒绝，我们可以幽默地从事情的结果出发，从而让拒绝者自己明白其中的利弊。

尤罗克是美国著名的剧团经理人，在较长时间内和夏里亚宾、邓肯、巴芙洛丽这些名人打交道。尤罗克说，同这些明星打交道让他领悟到了一点，就是必须对他们的荒谬念头表示赞同。他为曾在纽约剧院演出过的著名男低音夏里亚宾当了 3 年的剧团经理人，夏里亚宾是个令人难堪的人。比如，该他演唱的一天，尤罗克给他打电话，他却说："我感觉非常不舒服，今天不能演唱。"尤罗克和他争吵没有？没有。他知道，剧团经理人是不能和人争吵的。他马上就去夏里亚宾的住处，压住怒火对他表示慰问。

"真可惜，"他说，"你今天看来真的不能演唱了。我这就吩咐工作人员取消这场演出。但是，这样的话就相当于你将 2000 多美元打了水漂儿，不，打水漂的话还能打起个波纹什么的，应该直接是让 2000 多美元粉身碎骨了。取消就取消吧，反正粉身碎骨的是钞票。"

听了经理人幽默的描述后，夏里亚宾嘘了一口长气说："你能否过一会儿再来？下午 5 点钟来，我再看感觉怎样。"

下午 5 点钟，尤罗克来到夏里亚宾的住处。他再次表示了自己的同情和惋惜，也再次建议取消演出。但夏里亚宾说："请你晚些时候再来，到那时我可能会觉得好一点儿。"

晚上 8 点 30 分，夏里亚宾同意了演唱，但有一个条件，就是要尤罗克在演出之前宣布歌唱家患感冒、嗓子不好。尤罗克说一定照此去办，因为他知道这是促使夏里亚宾登台演出的最好办法。

被拒绝了心里肯定不好受，那要怎样回应呢？有的人气盛，一句话就给人家顶回去了，搞得不欢而散。有的人虽然心里不快，却还能冷静下来，用幽默的语气晓之以理。显然后者是讨人喜欢的，能让对方也冷静地思考，转机说不定就会出现。

你如果因此口出恶言，就彻底断绝了回旋的余地，而坚持言语和气，还能为今后顺利合作埋下伏笔。因为一时的拒绝并不等于永远拒绝，甚至有可能是对方的一个小花招。

第
九
章

生活幽默——调剂生活，柴米油盐有幽默

用幽默调料调出趣味生活

明朝冯梦龙在《古今谭概》中，记了这样一个笑话：

一位内阁大学士的儿子在科举考试中屡次失败，但他儿子的儿子却在一次考试中考中了。

为此，内阁大学士经常骂他儿子不成材。可他的儿子不认账，他强辩道：

"我的老子当了大官，你的老子却没有当大官，可见你的老子不如我的老子。我的儿子中了进士，你的儿子没有中，可见你的儿子不如我的儿子。既然你的老子不如我的老子，你的儿子又不如我

的儿子，那就是说，你不如我，你凭什么说我不肖、不成材呢？"

看来这位内阁大学士的儿子虽不成材，却善幽默，理虽歪而言颇巧，所以把他的老子也逗得发笑，不再责备这个不成材的宝贝儿子了。

幽默是生活中的阳光，有光芒的地方就不会出现沉重的阴霾。幽默的生活态度能够让生活与沮丧隔绝，幽默的沟通让你的人生不再寂寞，让你在欢快的言语中充满了淡定的智慧。

国外一著名主持人主持过一场晚会，这场晚会并没有其他项目，只是主持人和协助他主持晚会的几个文艺界著名人士在台上进行幽默机智的问答，而台下的观众始终兴致盎然，笑声、喝彩声不断，气氛十分热烈。下面是主持人与著名影星雷利的一段对答。

鬓发斑白的影坛老将雷利拄着拐杖步履蹒跚地走上台来，很艰难地在台上就座。看到这样一个老人，让人很自然地为他的身体担心。所以主持人开口问道："你还经常去看医生？"

"是的，常去看。"

"为什么？"

"因为病人必须常去看医生，这样医生才能活下去。"

此时台下爆发出热烈的掌声，人们为老人的乐观精神和机智语言喝彩。

主持人接着问："你常去药店买药吗？"

"是的，常去。这是因为药店老板也得活下去。"台下又一阵掌声。

懂幽默的人跟任何人都聊得来
——你学会的幽默让全世界都欢迎你

幽默让你实话巧说，坏话好说

在生活中，人与人之间的交流是避免不了的，同时说话的双方都希望对方能对自己实话实说。但有时实话实说往往会令人尴尬、伤人自尊，因此，实话是要说的，却应该巧说。那么该如何才能巧妙地表达呢？

你对我向你引荐的那个人也未免太严厉了，嫌他长得不好，长相是父母给的，也怨不得他呀！

不，一个人超过40岁就应该对他脸上那副"长相"负责了。

实话巧说，注重沟通的幽默性，幽默是趣味生活的添加剂，因为生活中无处不存在着幽默，关键在于如何去发掘，并且会用幽默的语言来解释它，如果能够做到，那么你的生活就会充满趣味。

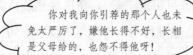

我对服务员说，我一只手要香草味的，另一只手要奶油味的，等拿到冰淇淋后，再告诉她到我的口袋里拿钱，并让她不要碰到口袋里的小蛇。

儿子，不会是你自己偷来的吧？跟妈妈说实话，冰淇淋到底是哪里来的？

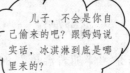

在现实生活中，实话巧说、坏话好好说的幽默心态，会让你享受更多生活的美丽与恩赐。

"你常吃药吗？"

"不。我常把药扔掉，因为我也要活下去。"

主持人转而问另一个问题："嫂子最近好吗？"

"啊，还是那一个，没换。"台下大笑。

主持人与演员的对答几乎句句带"彩"，在这样热烈活泼的气氛中，观众是不会疲倦的。最难得是，这位老人没有一句抱怨唠叨的话，这种年轻的心态、乐观的精神令人羡慕、赞叹和感动。试想，如果是一个面容憔悴、表情沮丧的雷利出现在台上，向大伙大谈他近期服用的药的名称、效果，周身哪个骨节酸痛，那将会是多么失败的沟通。

拉布曾经这样感慨过："幽默是生活波涛中的救生圈。"幽默的口才具有惠己悦人的神奇功效，在任何场合，拥有幽默口才的人总会赢得他人的好感，获得众多的支持和理解，总会给生活带来更多的温暖与笑声。

幽默使语言"升温"，赢得人心

语言是"伴随着温度"的东西，而幽默沟通术则是使语言"升温"，赢得人心的绝佳方式。我们的说话幽默、生动、言之有物、令人感动时，就会使人感到兴奋、快乐或悸动，我们体内的温度也会随之上升；相反，我们的言语索然无味、毫无生趣，甚至令人厌恶，则听者体内的温度也会随之降低，觉得心冷。

无论我们从事什么性质的工作，无论我们处于何种社会地

懂幽默的人跟任何人都聊得来
——你学会的幽默让全世界都欢迎你

位，我们都要与人交往，而幽默既能帮助我们与他人进行沟通和交往，还能帮助我们处理一些问题——特别是人际关系问题——并使我们顺利地渡过困难的处境，帮助我们在社会交往中与人建立和谐的关系。

一个男人端坐在理发店的摇椅上，对理发师说："你把我的右边留长一些，左边留短一些，脑门上边剪秃了，接着再留一绺长发，让它可以一直伸到我下巴。""很抱歉，先生。"理发师为难地说，"这我可做不到啊！""做不到？"男人生气地说，"上一次你为什么把我的头发剪成那个模样？"

这位男士够客气、含蓄了，上次理得不满意，今天用幽默算账。理发师如果还算机灵，自然会殷勤周到一些。

在日常生活中，女人往往会因自己受到陌生男士的干扰产生烦恼。假如你是一个有修养的女子，面对这种窘境，哪怕是批评，也要采取幽默的方式，既消除了矛盾，又不伤害感情，还给生活增添了一份情趣。

一个小青年每天夜里在琳娜对面单元的窗口用望远镜看她，这让她非常生气。一天早晨，她打电话给小伙子。"你好！我是你对面楼里的姑娘，你知不知道，昨天夜里我把长筒袜脱在什么地方了？"

在这种对话中，人们会心照不宣，就是因为语言表述含意的不一样，从字面上来看，你是在指白说黑，从深层意思上说你表达了另外一层深意，这层深意尽管没有明言，不过却已经让对方朋友们在一起相处，不一定就要严阵以待，除了在一起玩乐或是唠唠叨叨地诉说衷肠，也要不时地来点小刺激，试着开点玩笑，或许这更能够增进你们之间的感情。

换一种表达方式，便能在平淡的生活中增加几分俏皮色彩。一个小小的玩笑便为生活增添几分快乐。

请帖

我们将在周日晚上举行婚礼，我怕您带的礼物太多，腾不出手来按铃。所以，您到了我家后，请用脑门按下门铃，我就会出来接您

看过了！对这本书，我和你有同感。遗憾的是，我感觉，书中新的观点都不太正确，而正确的基本上都不新。

我的第一本书出版了，你看了吗？我不是吹牛，这可是一本很好的书，里面有很多新的和正确的见解。

朋友之间，没有太多的讲究和计较，坦诚相待，用心交往，所以大可不必谨慎拘束，大大方方，反而会让双方之间更为透明，更好相处。

没有真挚友谊的人，是真正孤独的人。与朋友的相处是最快乐的事情，朋友之间，要以诚相待，这样相处起来可以随意一点，或嬉笑怒骂，或肝胆相照，这都会有助于朋友之间感情的加深。

了然于心了，而其了解的程度比明白说出来还要深，更能表现出你的风趣与诙谐。

幽默作为生活的点缀分布在世界的各个角落，幽默是一种高尚的文明语言，是一种可以不伤害他人，为他人带去欢悦的恩赐。有幽默语言的地方，就有超高人气的追捧。幽默的口才帮助你营造更加和谐的生活氛围。

幽默生活是种优质的圆满

生活就是一个喜欢模仿的孩子，你对它笑它就对你笑，你对它哭它就给你无限的悲伤。生活应该是和谐的，只是有些人扭曲了对生活的追求，让生活偏离了预定的轨道。

同时拥有高效率与和谐生活的人不多，如果有，你可能会发现：他就是一个幽默沟通、幽默生存的伙伴。

有一只老鼠被猫追，追到了洞里。"幸亏我跑得快！"老鼠惊魂未定，潜伏在洞中不敢再探头，它在洞里等了许久，已经听不到猫的叫声了，这时耳畔忽然传来了几声狗叫，老鼠呼了一口气，心想，狗哥来了，那猫肯定走了。就放心地探出身来，哪知才出洞口就被那猫一张嘴紧紧咬住。

老鼠惊呼："我刚才明明听到的是狗叫，怎么又变成了猫呢？"那猫咯咯地笑道："小兄弟，身为一只现代猫，不会两种语言哪能混呀！"

身为现代人，不会两种语言也"甭想混了"。哪两种语言呢？就是"幽默的语言"和"智慧的语言"。它们能帮你赢得效率与成功，猫儿都清楚，你难道还不明白吗？

生活中只要多多运用幽默、智慧的语言，就能让我们的身心减压、人际顺畅，人生到处充满了喜悦与新鲜。

幽默是可以培养的，快乐是可以传染的，和谐是在互动中产生的。当你每天笑得很开心的时候，身旁的人也会笑得发光发亮，营造出一派祥和、温馨的气氛；如果你整天紧绷着脸，身旁的人就会统统成为"统一面"了——统一成一个个苦兮兮的面孔。

记住，快乐的性灵千万不要被压抑了，我们要用智慧的心找到情绪的出口处，用幽默与笑来缓解压力，用幽默与笑来运动五脏六腑，这样就会成为一个健康又快乐的人，同时，又用这种阳光般的气息温暖他人，来创造一个其乐融融的世界。其乐融融的生活即使没有特别丰厚的物质财富，也是令人艳羡的优质生活。

优质生活的获得离不开幽默、乐观的心态以及出色的沟通水平。一个好的沟通者，生活必定较为圆满，且冲突频率较低，或是易于化解，因此，其工作的情绪也较为平和，有助于在工作中与他人达成良好的沟通，而工作上沟通互动的成就，也对个人生活有很大帮助。

假想一下：如果是和擅长沟通、幽默可爱的伙伴工作或生活，会是什么样的情形：

——如果他们是工作伙伴，他们的工作环境中必然洋溢着春风般的气息；

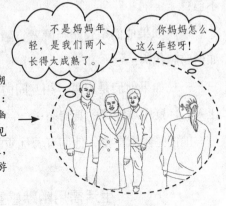

1. 领会幽默的真正含义

幽默不是油腔滑调，也非嘲笑或讽刺。正如有位名人所言：浮躁难以幽默，装腔作势难以幽默，钻牛角尖难以幽默，捉襟见肘难以幽默，迟钝笨拙难以幽默，只有从容、平等待人、超脱、游刃有余、聪明透彻，才能幽默。

2. 扩大知识面

幽默是一种智慧的表现，它必须建立在丰富的知识基础上。一个人只有具有审时度势的能力、广博的知识，才能做到谈资丰富，妙言成趣，从而做出恰当的比喻。

3. 陶冶情操

幽默是一种宽容精神的体现，要使自己学会幽默，就要学会宽容大度，克服斤斤计较，同时还要乐观。乐观与幽默是亲密的朋友，多一份乐观与幽默，那么就没有克服不了的困难。

——如果他们是好友，其亲密无间、友谊长存必然让人羡慕不已；

——如果他们是长辈与晚辈，融融的天伦之乐会教会许多人如何跨越代沟；

——如果他们是夫妻，相互间的爱惜与尊重、情趣与和谐会让人们怀疑围城定律的真谛……

他们是幽默群落，他们有着优质的生活。

生活需用幽默感重新体验

生活，虽然只有简短的两个字，但却蕴含了极为深刻的道理。有的人说，生活就是一个麻烦接着另一个麻烦，人们活着就是为了解决接踵而至的烦恼；有的人说，生活就是一个万花筒，你不停地转，会看到各种不同的缤纷多彩的花花世界。无论是哪一种说法，都有其道理，但无论是为解决麻烦，还是为享受世界的缤纷，对待生活都应该有一个共同点，就是生活要有趣味。没有任何生机与趣味的生活就仿佛将自己置于看不到光明的黑暗中一样，只会感到无助而痛苦。

生活需要趣味，需要幽默的姿态，就应该学会一分为二地看待生活，对待一件事情，你从这个角度看，它是件坏事，换个角度看，就可能成了好事。说话的时候，我们从一定角度，把"坏"事幽默说成好事，听者必定会感到高兴，说不定还会改变一些人旧有的思维呢。

清朝时候，有一个官员家里过年贴"福"字，因为要贴的地方很多，就叫上所有府里的人一块儿干，官员在旁边边看边捋着胡子点头微笑。突然，官员脸上的笑容没有了，气得直喘粗气——他看到一个老妈子把大红的"福"字倒着贴到了墙上。原来这位老妈子不识字，她把反字当成正字了。

官员喝令老妈子过来，把她臭骂了一顿，府里上上下下也都聚集过来了。新年就出了这样不吉利的事情，官员决定要处罚老妈子。这时管家灵机一动，赶快上来作揖道："恭喜老爷，贺喜老爷！这'福'字贴反了，正好是'福到'啊，这是大吉大利啊。"

官员听了哈哈大笑，下令今后的"福"字全都倒着贴。这样一传十、十传百，成了倒贴"福"字的习俗。

原本很尴尬的大洋相，经管家这么一说，反而成了大吉大利，改变了人们多少年来正贴"福"字的习俗。有时候，打破思维，对一件本来不好的事情进行趣味解说，反而会引起人们的好感，甚至还会引领一种潮流。用全新的角度解释生活，用乐观的态度诠释人生，你的命运或许就会出现转机。

有位举人进京赶考，考试前两天他做了三个梦：第一个梦是梦到自己在墙上种白菜；第二个梦是下雨天，他戴了斗笠还打伞；第三个梦是跟心爱的表妹躺在一起，但是背靠着背。

举人第二天赶紧去找算命的解梦。算命的一听，连拍大腿说："你还是回家吧。你想想，高墙上种菜不是白费劲吗？戴斗笠打雨伞不是多此一举吗？跟表妹都躺在一张床上，却背靠背，不是没戏吗？"

举人一听，心灰意冷，回店收拾包袱跟店老板说不考了。店老板很奇怪，就问为什么。听了秀才说的原因后，店老板乐了："我倒觉得，你这次一定要留下来。你想想，墙上种菜不是高种（中）吗？戴斗笠打伞不是说明你这次有备无患吗？跟你表妹背

委婉言辞化解生活的尴尬

孟子曾经说过："爱人者，人恒爱之；敬人者，人恒敬之。"幽默交流的过程就是情感相互传递的过程，如果你能够在与人相处中给人以友善的态度，那么换来的将是他人对你的尊重和理解。

在日常生活中，人们往往会遇到不便直言之事，这个时候最好能用隐约闪烁之词来暗示。给别人一个善意的幽默提示，让别人在情面上下得了台，也是在向他人传递自己的乐观。

委婉含蓄的话受青睐，主要因为它能两全其美。当然，使用委婉的话语，必须注意避免晦涩难懂的话。社交谈话的目的是要让人听懂，如一味追求奇巧，会使他人摸不着头脑，甚至造成误会，必然影响表达效果。要做到语言含蓄，须善于洞悉谈话的情景和宗旨，还要练就随机应变的本领。

懂幽默的人跟任何人都聊得来
——你学会的幽默让全世界都欢迎你

靠背躺在床上，不是说明你翻身的时候就要到了吗？"

举人一听，更有道理，于是精神振奋参加考试，居然考中了。

吉利与否，全凭人的想象。这么想能让人愁眉苦脸，那么想就能让人满面灿烂。

我们看文学作品，经常有"转怒为喜""转忧为喜"这样的表达，很多就是因为把"坏"事往好里说，让对方心情好了起来，可见这种说话方式的巨大魅力。

更为重要的是，把坏事往好里说，会增强自己的信心，有了充足的自信心，生活中还有什么困难不能克服呢？所谓"山重水复疑无路，柳暗花明又一村"，给自己多一些积极、幽默的心理暗示，你或许就能梦想成真。

让幽默变成一种生活习惯

布袋和尚说："行也布袋，坐也布袋，放下布袋，何等自在。"懂得放下心中的包袱，人生才会轻松和自在。另外，还要让"幽默"这种智慧的人生语言，成为我们日常生活中的一种习惯，习惯的形成有助于推动一个人思维深度与高度的双向发展，有利于促使一个人快乐地生活。

人的一生中，快乐都来不及，哪有时间烦忧？不要因为经济不景气，整天就对着别人"喷黑烟"。从现在起，不再唉声叹气，每天用快乐的语调、积极的态度，认真做一个幽默沟通的高手，只要笑口常开，好运一定到来！

幽默是一种绝妙的沟通方式，它可以使你的笑容和思考能力不断增加。

面对纠缠时用幽默"挡驾"

生活中有幽默，生活才更有味道。王蒙说："幽默是一种酸、甜、苦、咸、辣混合的味道，它的味道似乎没有痛苦和狂欢强烈，但应该比痛苦和狂欢还耐嚼。"

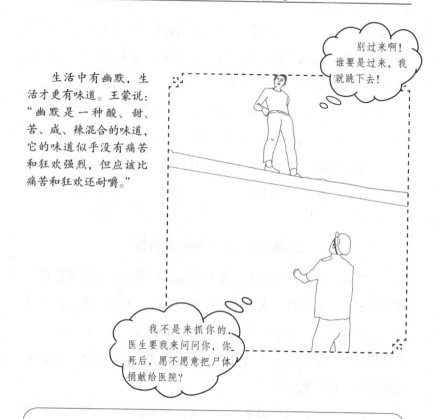

幽默是一个人涵养的重要表现，同时也是对付那些胡搅蛮缠者最好的武器。幽默是生活中的必备调味品，如果没有幽默就像我们在做菜中忘记了加盐一样淡而无味。更重要的是，幽默可以缓解更多的矛盾与纠结，可以带来更多的和平。

人是社会的人，处在错综复杂的社会关系中，具有很强的社会属性。人的生活中不仅有衣、食、住、行的物质需求，更有爱、慰、尊、乐的精神需求。没有交流和沟通的人生是苦闷的，没有爱情和友谊的人生是荒凉的，没有信任和尊敬的人生是可悲的。

善于幽默沟通的人，能够恰当地把自己的想法说给别人，有利于排解心中的迷惑和苦闷；在谈情说爱方面也得心应手，容易找到属于自己的爱情；在化解夫妻矛盾、促进家庭和睦方面游刃有余，容易得到家庭的幸福；在各种各样的社交场合，能够落落大方、侃侃而谈，容易得到人们的信任和尊敬，能结交更多的朋友。所以，善于利用幽默进行沟通会使你的生活充满欢乐。

国外有专家研究指出，一个人经常生气、烦恼、忧郁，会让体内的血液转成酸性，进而容易导致疾病的侵入，而开心多笑则让体内的血液呈现正常的碱性，可以防止疾病的入侵。这么说来，笑还是最佳的"人生维生素"呢！

百善"笑"为先，有什么比笑、开心、快乐对我们的身心更有帮助的呢？而且，笑还是幽默沟通的最佳手段。

有一次，春娇（妻子）煮了志明（丈夫）最爱吃的猪肝汤，志明下班回家后一看，顿觉食欲大增，就兴冲冲地吃了起来。哪知一咬下去才知道猪肝煮得硬邦邦的，实在咬不下去，心想，提建议也要有艺术，最佳的沟通是幽默风趣。于是，笑着对春娇说："宝贝啊，你煮的这碗猪肝汤是蛮好喝的，不过，这只猪好像有点肝硬化哟！"

　　幽默风趣，祥和情绪，平安又如意。日常生活里，切记要多多善用幽默随时愉悦别人，也笑笑自己。虽然自己脸上多了几条纹路，但那也是开心的笑纹，会让别人羡慕的。

　　另外，由于沟通是一个非常复杂的思维活动过程，而圆融幽默的境界更高一筹，常常练习，必然会大大提高你对事情的思考分析能力。

　　良好的沟通需要非凡的智力做后盾，需要观察、记忆，还要预测、分析，然后才能敏捷地应变。如果最终真的建立起了幽默心态、幽默沟通的习惯，你会发现自己的头脑更好用、更聪明。

生活幽默需要知识的滋养

　　生活中一些简单的逗笑，日常朋友间说的俏皮话，这些都不是真正的幽默。幽默是渊博的知识与现实环境互相碰撞而产生的火花，是在没有计划的情况下的妙语连珠。没有强大的内心知识储备就不会有真正的幽默，幽默不是空穴来风，丰富的知识是幽默的根基。

　　通过学习知识，我们可以提高自己的修养，知识还是一种必要的肥料，有了它，就可以培育出"幽默之花"。"知识就是力量"，在知识的滋养下，幽默之花才会绽放得更加绚丽，生活中的幽默才不会"金玉其表，败絮其中"，幽默才能更有创意、更具趣味。

幽默常常让你开怀一笑，但是这并非幽默的主要功能。幽默不但让你赏心悦目，更会让你受到启发，透彻心扉，甚至会有醍醐灌顶的感受。幽默与笑话不同，它能让人在笑的同时开启人的心智。

有这样一个例子，是一位讲述别国文化的教授在讲座上说的：

有三个人，分别是英国人、法国人和俄罗斯人，他们在欣赏同样的一幅画，画的是亚当和夏娃在伊甸园中嬉戏的情景。

英国人谨慎地说："看看他们多含蓄，多平静，他们一定是英国人。"

"怎么可能？"法国人不赞同，"他们那么美丽，又那么浪漫，毫无疑问是法国人。"

"你们说得都不对。"俄罗斯人指出，"没有衣服穿，没有地方住，吃的只有一个苹果，还被说是在天堂，只有俄罗斯人才会如此。"

这个幽默故事的妙处在于，依靠自己广博的学识，从讲座的主题出发，利用简单而又形象的比较向听众展示了三个国家人的性格特征、思维方式和生活现状，丝毫没有枯燥文学的影子。特别是讲到俄罗斯人时，从一个侧面讲出了俄罗斯人曾经的处境，寓意了俄罗斯人曾受到沙皇专制和奴隶制度统治的历史事实：生活贫困，利用宗教信仰来桎梏人民的思想，麻痹人民的灵魂，真是一针见血。

可见，真正的幽默是一门学问。对于知识渊博的人来说，幽默让生活妙趣横生；相反，对于知识浅薄、孤陋寡闻的人来说，幽默不会成为他们灵感的源泉。

还有这样一个真实的故事，在嘉庆年间，嘉庆皇帝问刘墉："为什么国库年年进银子，可还是不够用呢？"刘墉答道："银子都掉进河里去了。"

皇帝很是诧异，追问道："既然银子掉进了河里，那为何不打捞？"这时，刘墉才微微一笑："河深哪。"原来如此，一语"河深"使皇帝顿悟了，原来银子都进了和珅的腰包了。

在我们五千多年的历史长河中，众多文人墨客用自己的才华

于生活点滴中发现幽默点

请你谈谈有关天堂和地狱的话题。

请原谅，我不能谈论这些问题，因为无论是天堂还是地狱，都有一些我的亲朋好友在那儿。

智慧总是喜欢隐藏在生活的某些角落，幽默的智慧也是如此，或许在某些最不起眼的地方，你就能发现最美的幽默之花。我们要有一双发现美的眼睛，去搜寻那些无处不在的幽默睿智。而对于那些自己不想涉及、不想提起的事情用幽默就可以避开了。

幽默源自生活，生活中无处不幽默。幽默的芬芳散发在生活的每个角落，只要你有灵敏的嗅觉，你就不难发现。当然，在琐事中寻找幽默就是要懂得"见缝插针"，让幽默成为一种生活态度和思维方式。如此，才能让幽默无处不在，滋润枯燥的生活。

懂幽默的人跟任何人都聊得来
——你学会的幽默让全世界都欢迎你

创造出了丰富多彩的文字，给我们留下了流传千古的文字幽默，细细品味，各个妙语惊人。作为炎黄子孙，我们应该懂得利用自己民族文化的特色，发现并传承我们中国人独有的幽默特质。古代的文人雅士在这方面是很好的典范，充分体现了东方人的智慧。

生活中那些出口成章的幽默达人总是很受欢迎，想要做到这点，不仅需要知识的深度，还需要知识的广度。我们不可能都成为上知天文下知地理的诸葛孔明，但无论什么都了解一点，是非常有好处的。

幽默在先，友好随后

谈判是我们在工作和生活中必不可少的一种洽谈，谈判需要高技能的幽默说话艺术，对每一个时机的把握，对每一个用词的力度都是一次谈判决胜的关键。懂得运用幽默作为谈判基础的人，往往更能取得谈判的成功。

在一家药店里，一位顾客气愤地对药店经理说："一星期前，我在这里买的润肤膏，我用了一点作用也没有，我要求退款。"

"为什么？"

"你说，它可以与脱发做斗争的，可是不顶用。"

"您再试试看。我是说过，这种润肤膏可用来与脱发做斗争，但并未说，它一定最终能取得胜利，但是我可以保证的是我们的产品都是真品。"

顾客不禁被经理的这句幽默的话逗得笑了起来，随后，经理同意为该顾客免费提供一瓶润肤膏，顾客心满意足地走了。

经理面对顾客的抱怨，并没有因此而气急败坏，他没有否认自己曾经对顾客许下的承诺，反而对自己的承诺进行了幽默的补充说明。幽默让顾客在笑声中忘记了抱怨，让顾客高高兴兴地接受了经理的最终处理。

在谈判中，语言的幽默可以让自己在谈判中轻易取胜，但是语言的丝毫不严谨都有可能造成失败，而抓住对方的关键字眼则可以大做文章。因此，对待大局的沉着冷静和关键时刻的幽默谈判技巧都会助你一臂之力。

在谈判的时候，谈判双方都想争取最大利益，这也正是谈判之所以产生的主要原因。可是，如何为自己争取到最大的利益呢？首先应该营造出一种友好的气氛。试想一下，谈判双方在心情好的情况下和在情绪很糟糕的情况下，哪一种情形更利于谈判的进行呢？答案可想而知。幽默是谈判气氛的烘托，更是维护良好气氛的调节剂。

但是，在友好谈判中，幽默要有立场，而许多人却因为自己的立场不坚定、时机把握不及时、对问题考虑得不周全等，而使谈判陷入僵局。

图书在版编目 (CIP) 数据

懂幽默的人跟任何人都聊得来：你学会的幽默让全世界都欢迎你 / 欣溶编著 . -- 北京：中国华侨出版社，2017.12（2019.10 重印）

ISBN 978-7-5113-7261-1

Ⅰ.①懂… Ⅱ.①欣… Ⅲ.①幽默（美学）—口才学—通俗读物 Ⅳ.① H019-49

中国版本图书馆 CIP 数据核字（2017）第 308976 号

懂幽默的人跟任何人都聊得来：你学会的幽默让全世界都欢迎你

编　　著：欣　溶
责任编辑：滕　森
封面设计：冬　凡
文字编辑：王玉兰
美术编辑：李丹丹
插图绘制：圣德文化
经　　销：新华书店
开　　本：880mm×1230mm　1/32　印张：6　字数：250 千字
印　　刷：三河市新新艺印刷有限公司
版　　次：2018 年 2 月第 1 版　2021 年 9 月第 5 次印刷
书　　号：ISBN 978-7-5113-7261-1
定　　价：30.00 元

中国华侨出版社　北京市朝阳区西坝河东里 77 号楼底商 5 号　邮编：100028
法律顾问：陈鹰律师事务所
发 行 部：（010）88893001　　　　传　真：（010）62707370

如果发现印装质量问题，影响阅读，请与印刷厂联系调换。